体育与健康教育学研究

陈广卿 著

中国水利水电出版社
www.waterpub.com.cn
·北京·

内 容 提 要

　　体育能够促进人的全面发展，丰富社会文化生活和促进精神文明建设。本书阐述了对于体育的认知以及对于大学生生活的意义和作用，从体育与锻炼开始述说，对中学生锻炼态度的跨文化研究、大学生体育锻炼的状况研究、肢残学生体育锻炼与心理健康的关系、从大学生的奥运态度看体育教育教学等内容分别做了详细的分析与研究。

图书在版编目（CIP）数据

　　体育与健康教育学研究 / 陈广卿著 . —北京：中国水
利水电出版社，2017.8（2022.10重印）
　　ISBN 978-7-5170-5647-8

　　Ⅰ . ①体… Ⅱ . ①陈… Ⅲ . ①体育教育—教学研究
②健康教育—教学研究　 Ⅳ . ①G807.01 ②R193

　　中国版本图书馆CIP数据核字（2017）第164349号

责任编辑：陈　洁　　　封面设计：王皓轩

书　　　名	体育与健康教育学研究 TIYU YU JIANKANG JIAOYUXUE YANJIU
作　　　者	陈广卿　著
出版发行	中国水利水电出版社 （北京市海淀区玉渊潭南路1号D座　100038） 网址：www.waterpub.com.cn E-mail：mchannel@263.net（万水）
经　　　售	sales@mwr.gov.cn 电话：(010)68545888（营销中心）、82562819（万水） 全国各地新华书店和相关出版物销售网点
排　　　版	北京万水电子信息有限公司
印　　　刷	三河市人民印务有限公司
规　　　格	185mm×260mm　　16开本　　14印张　　242千字
版　　　次	2017年8月第1版　　2022年10月第2次印刷
印　　　数	2001—3001册
定　　　价	56.00元

前　言

体育，是指以身体练习为基本手段，以增强人的体质、促进人的全面发展、丰富社会文化生活和促进精神文明建设、提高运动技术水平为目的的一种有意识、有组织的社会现象。[①] 作为社会总文化不可分割的一部分，它既受到社会政治和经济的制约，同时又为其服务。学校体育、竞技体育和社会体育三部分共同构成了现代体育。

一、学校体育

学校体育是一个发展身体、促进健康、增强身体素质、传授体育基本知识、技术和技能的教育过程。它结合道德教育和智力教育，构成完整的现代学校教育，促进青少年德智体美劳全面发展。

随着社会的不断发展，应科学化、社会化、娱乐化和终身化的发展要求，现代学校体育不仅要追求增强身体素质的实际效果，更要追求对学生体育兴趣和爱好的满足，用科学的方法培养他们主动参与体育锻炼的意识，并不断提高他们对体育运动的欣赏水平，以此来为精神、体质、文化生活需求日益增长的国家培养和输送21世纪竞技型、开拓型的体育人才。

---

① 全国体育学院教材委员会.体育概论.人民体育出版社2005年版.

二、竞技体育

竞技体育是指科学系统的培训和竞赛活动，以最大限度地发挥个人或团体在身体、智力和运动能力方面的潜力，以创造出优秀的运动表现。竞技体育一般以科学的训练方法为手段，以探索人类运动的极限为目的，实现人类竞技运动能力的最大发展。

竞技体育广泛采用科学的训练方法和手段，以实现最大限度地开发人竞技运动的能力，探索人类运动的极限。体育竞赛具有对抗性、惊险性、戏剧性和艺术性，易于传播丰富的社会文化，在弘扬民族精神、促进世界和平方面有着特殊的教育作用。

三、社会体育

社会体育也称大众体育，是指以健身医疗、娱乐休闲为目的的体育活动。随着国家经济的发展和繁荣，人们生活水平提高的同时，休闲时间也愈来愈多，这就会带来社会体育广泛性和普及性的增加。尤其是自《全民健身计划纲要》实施以来，全民体育意识大大增强，体育爱好者数量增加，助力了我国社会体育行业的良性发展，内容多样化、形式灵活化的体育协会、体育俱乐部和健康娱乐中心竞相开办，健身运动的规模越来越大。

目　录

绪　论

学校体育、竞技体育和社会体育是相互区别、联系和促进的。随着社会的进步，人的需要也会不断发展，现代体育体现了现代人对生理和心理、物质和精神发展的双重需求，基于这种需求，人们对现代体育的认知也会逐渐提高和深化。

一、终身体育的概念与含义

终身体育是在20世纪60年代，由法国著名成人教育家保罗·朗格朗"终身教育"思想下影响形成的。保罗·朗格朗否认了"人生的前半生用于教育，后半生用于劳动"的传统观点，他认为教育是从生到死的继续过程。因此，出现了"体育锻炼"和"体育教育"的争议。但在目前我国体育理论界一般认为，终身体育是指人们在一生中所进行的身体锻炼和所受到的各种体育教育的总和。[①]换言之，就是活到老，锻炼到老，以取得能够生存、生活的身体基础。

终身体育是终身教育的一个组成部分。终身体育的出现既是现代社会对现代人身体素质提出的要求，也是现代人应对现代社会挑战的方式。因为自20世纪末以来，第四次工业革命到来，社会的大改革大大改变了人们的生产和生活方式，人们需要一个强健的身体来应对高强度、快节奏的社会生活。

---

① 李牧，陈腾飞. 论终身体育习惯的培养. 呼兰师专学报，2002年第1期.

  终身体育是建立在学校体育之上的。6～22岁年龄段的学生处在青春发育的关键时期，这个时期的身体发育问题，如驼背、眼睛高度近视、消化系统不良等，都是成年之后无法弥补的终身身体缺陷，直接影响一生。所以学校体育是终身体育的重要时期，在这个时期，学校必须抓住终身体育的"黄金档"，通过有针对性、系统性的学习安排，有计划性地促进学生们的身心全面发展，并培养他们自我体育意识，掌握基本的体育知识、技术和技能，打好终身体育的基础。

  终身体育并不限于学校体育，而是一个连续的过程，还包括学前和学后。只是学校体育是每个社会成员都会也是必须要接受的，更重要的是，它是终身体育的关键部分，对终身体育有着承前启后的作用。虽然我国在这方面的研究起步较晚，但是随着人们需求的不断增加，认知的不断深化，学校体育已经向终身体育的方向迈出一大步。

  首先，学校体育要为终身体育打好体质基础。在校学习的青少年正处于身心发展的关键时期，学校的体育课应给予青少年良好的体育教育，使其接受有规律、有计划的体育知识，有效地促进他们的身心全面发展。

  其次，学校体育要培养学生终身体育的意识、习惯和能力。终身体育的意识，可以理解为对终身体育的认识。身体锻炼能否真正成为自觉主动的行为，很大程度上取决于是否认识到终身体育的价值。有了终身体育的认识，才能端正态度，获取终身体育的本领，更好地从事"自学、自练、自评、创造"终身体育，这个本领对学生终身体育的实行将受益匪浅。

二、终身体育的意义

  终身体育是中国理论家在教育家保罗·朗格朗的思想影响下，体育改革和发展的背景中提出的新概念。通过学校体育课的学习，人们对终身体育有了进一步的了解和认识，更加认识到体育的重要性，体育不仅能锻炼身体，更能陶冶身心，培养不屈的意志品质，成为祖国需要的合格青年，因此，我们应将它一生坚持。

  终身体育的含义包括两个方面的内容：一是指人从生命开始至生命结束中学习与参加身体锻炼，使终身有明确的目的性，使体育成为一生中始终不可缺少的重要内容；二是在终身体育思想的指导下，以体育的体系化、整体化为目标，为人在不同时期、不同生活领域中提供参加体育活动机会的实践过程。[①] 体育伴随我们一生，作为当代大学生，在已经培养起来的对体育兴趣和爱好的基础上，要加强对自我的了解，根据自身健康状态找到适合自己的运动方式和运动强度，不影响自身正常的学习、工作和休息，同时营养也要跟上。最终是要在反复实践中形成终身体育观念，使身体锻炼成为自觉积极的行为。

简言之，培养和发展我们从事学习工作和体育活动的主要能力是让我们在学生时代不至于"一无所长"，培养和掌握体育锻炼的意识和习惯，让我们认识到运动的价值，生活不能与体育分离，运动给我们带来无尽的乐趣。因此，培养终身体育意识的关键是微妙的；将终身体育的意识付诸实践是实现身体健康的关键。上述前提均是形成终身体育的意识，只有形成意识才能实践，才能更好地发展，实现全民健身计划。

三、终身体育的思想内容

我国学校体育界20世纪80年代后开始引入终身体育思想，并进行了初步的探索性实验。我国学者普遍认为，学校体育要以增强学生体质、促进学生身心健康作为出发点和落脚点，强调在体育教学中要重视培养学生终身体育的意识、习惯和能力；既让学生在校学习期间身体得到锻炼，也让他们学会一些独立锻炼身体的方法。我国目前关于学校体育指导思想的提法，可简要地概括为"健康第一""素质教育""技能教育""快乐教育""终身体育"。在众多指导思想中，终身体育能否成为学校体育的主导思想呢？这是学校体育改革与发展急需研究和解决的关键问题。

1. 终身体育思想与健康教育的关系

从我国国情出发，学校体育的指导思想应该是多元化但主次有别，以主导思想为主线，指引众多指导思想，取长补短，资源共享。

首先，健康第一。教育家陶行知曾说："健康是生活的出发点，也是教育的出

---

① 朱长洲. 浅论大学生的自我体育锻炼. 湖北体育科技，2010年第2期.

发点",终身体育必须以学生的身心健康为根本。这是因为运动会成为提高生活质量、人民生活的要素,把握健康和体育联系的本质,通过学校体育形成学生的终身体育意识、能力和行为。其次,终身体育思想能够被广泛解释,是与世界卫生需求紧密相连的。无论是作为指导思想还是理论基础,终身体育和健康教育都是相互联系的。

但"健康第一"和终身体育是不同的。"健康第一"是针对整个学校教育在考试中显现的缺点而言,学校教育对青少年来说,要求学生身心健康发展远比考试取得第一名更重要。终身体育更关心人们的生活健康,注重长远效应,强调学生终身体育的基础。学校体育应考虑到学生身体素质的不足,但在指导思想上应以终身体育的长远目标为依托,注重学生的运动兴趣和运动能力。把全面贯彻"健康第一"的指导思想作为学校运动的指导思想,在一定范围内是可行的。但是从学校体育的特点来分析,可以体现学校体育的本质,并且可以用"终身体育"引导现有学校的体育指导思想。

2. 终身体育与素质教育的关系

素质教育体现的是终身教育的思想,其着眼点是"重视培养学生的创新精神和实践能力,为学生全面发展和终身发展奠定基础"。[①] 为了适应终身教育的要求,素质教育应尽可能在学校教育阶段完成对可持续学习与发展能力的培养。只有这样,终身教育的整个过程才能顺利实现。继续接受教育和学习,不断改善个人可持续发展,促进社会可持续发展,是教育哲学倡导的终身教育。终身教育注重人类生活的不断发展,素质教育是其中最重要的一环。

只有维持发展方向一样,也就是说只有终身教育指导素质教育,坚持终身教育的理念,两者才可以互相补充,互相促进。终身体育思想是一个人的身心健康问题,如果把人一生的身心发展看作是一个完整的系统,学校体育就是子系统。终身体育从学校体育的角度出发,着眼于学生的未来,甚至是一生。

这种想法对学校体育的整体改革有重要的影响。素质教育的基本特征是强调教育的基础性和综合性,教导学生、发展学生的兴趣、意识、习惯和能力,这与终身体育所重视的相同。

---

① 邱晨. 终身体育思想在体育教学中的影响及渗透. 教学与管理,2008年6月20日.

素质教育是就存在于整体教育中的应试现象，从体育特质的性质来看，素质教育作为学校体育的主导思想并不太合适，尽管学校体育也实行素质教育。

从终身体育的角度来看，素质教育的要求是学生身心全面发展，根据这一理念，学校体育应考虑体育知识和技能、体育运动、身心健康、社会适应等方面为学生提供全面的发展机会，因此，学校体育领域的素质教育可以被看作是结构形式的指导思想，这对于学校体育中的应试教育现象很重要。

素质教育和终身体育、体质教育是新中国成立后新时期学校体育的主导思想，对形成"提升学生体质是学校体育的主要任务"理念，提高学生体质，形成中国学校体育运动理论体系发挥了重要的历史作用。随着现代健康观、素质教育观、全面人才观的出现和发展，过去侧重于身体角度和实践体育的"单纯生物体育观"逐渐被生物、心理、社会的多维体育观所代替，对于忽视学生情感体验等非智力因素的教育，事实上是对学生健康的不负责任的行为。

因此，从多学科和多维度的角度来倡导学校体育的学习具有重要意义。关键问题是"体质"的概念是否包含学生的心理教育，如果不包括在内，"加强学生体质"的概念将不可避免地落入"单纯生物体育观"的困境中。然而，从体育性质的角度来看，"提升学生体质"在一定程度上体现了体育的特点。所以今天的"体质教育"观点仍占据市场，是具有一定积极意义的。总之，从身体健康的角度看，体质教育可看作是学校体育功能形态的指导思想，但在学校体育的诸多功能上，不能忽视"增强学生体质"这一主要功能。

3. 终身体育与技能教育的关系

技能教育的指导思想，是掌握运动技术和技能思想。有的学者认为，这种指导思想是从学习苏联学校体育模式、以运动项目的技术和技能掌握为追求目标而延续下来的。这种指导思想同时强调运动目的和运动手段相统一。[1]技能教育可以归结为"三个基础"教学的指导思想。"三基"教学从其目的来看，并不是以体育技术教学为中心。

纯粹从体育技术教学的角度，"三基"教学是片面的。技能教育容易导致以技术教学为中心，以"达标"为目的，过于追逐竞争趋势和技能培养而忽视兴趣和习

---

① 唐克己. 现代主导型成人体育教学模式研究. 继续教育研究，2009年第7期.

惯的养成，最终使学校体育的阶段目标受到影响。终身体育的形成和发展，在一定程度上反映了人们关心健康、提高生活质量的需要。成为终身体育的现代人，与体育基础知识和技能的学习、掌握和应用是不可分割的。从这个角度来看，终身体育是靠"三基"教学来支撑。

4. 终身体育与快乐体育的关系

快乐体育是指运动中的学生获得内心的乐趣，从而有意识地主动参与运动的思想。 快乐体育既可以让学生体验在克服困难中实现成功的乐趣，也能激励其参与体育运动。

当然，我们也应该辩证地理解"快乐"。快乐体育和终身体育联系十分紧密，学校体育过于强调传授技术，而快乐体育注意让学生自觉积极地参与体育，培养学生终身体育的意识和能力，而且也强调运动的意义和价值，不仅仅是追求特定运动的技能和能力，强调终身维持健康的生活方式。从快乐运动的本质特征来看，快乐运动是以终身体育思想为基础，特别强调学生运动兴趣、习惯和能力的培养。正是从这个角度出发，有的学者认为，快乐体育是"体育教学联结终身体育的重要途径，是现代学校体育教学的发展方向"。

总之，终身体育是社会文明进步的体现，是人类社会发展对追求健康长寿、提高生活质量的需要，也体现了终身体育和全社会发展的关联。如何从学校体育的实际出发，如何从终身体育的角度思考学校体育的改革对策，是学校体育的一个非常重要的研究课题，也是终身体育研究的基本问题。终身体育的研究对于改善人们的生活方式、促进人们的身心健康、提高人们的生活质量有积极的作用。这也是学校体育的前沿课题。在实践中，扭转"被动体育"状态、学生厌烦运动的现象，终身体育作为主导思想对"积极运动""快乐运动"实践的全面落实，具有深远的现实意义。

四、终身体育简述及对大学生的意义和作用

随着经济的发展，人民生活水平不断提升，而随着科学技术的进步，人们的生活方式也不断转变。在追求物质生活的同时，人们越来越重视自身的健康状况。对

于大学来说，为了适应现代社会的发展和人才需求，应该重视体育课堂，把握好学习科学、锻炼身体知识和技能的机会，养成良好的自我锻炼习惯和终身体育意识。

在课堂教学中，培养学生的良好运动意识和终身体育能力，提高课堂教学效果，对促进学生身心健康发展具有积极意义，这也是体育教学成果的重要标志。

因此，体育教师在课堂教学中，要注意培养学生良好的自我运动习惯和终身体育意识。

1. 转变观念，提高对培养学生良好锻炼习惯的认识

传统的体育教学习惯于让学生通过体育锻炼掌握运动技术和技能的基本知识，而不注意学生的态度、兴趣和习惯培养。没有正确的态度，没有运动兴趣和良好的运动习惯，学生不能真正掌握运动技术和技能的基本知识，当然不能实现全身素质的提高。相反，学生对锻炼有很强的兴趣，也有良好的运动态度和习惯，将会以积极的态度，充分参与体育运动。例如，大多数学生现在不喜欢跑步，特别是女孩听到跑步就抱怨，更不用说运动的兴趣和习惯，而速度和耐力是我们身体素质的两个基本素质。那么怎样才能提高学生对跑步的锻炼兴趣呢？经过实际调查，要把教学内容和受学生欢迎的运动结合起来，多组织一些具有竞赛性的课程内容，例如5～6人一组进行30米、60米的快速冲刺跑，本组跑在最后一名的学生随下一组再跑一次或罚做伏卧撑。这样人人都不想跑最后。另外还可以进行接力比赛等，寓教于乐，这样，教学效果会明显一些，也可以培养学生自主运动意识。

2. 有计划地培养学生良好的锻炼习惯

培养学生良好的运动习惯，既要培养学生进行体育锻炼的科学方法，又要培养学生体育锻炼的自主意识。只有科学的体育锻炼，才能称之为良好的运动习惯。学习者应该知道，充分利用学校体育资源，不断提高体育运动能力，这是终身发展、维护和增强健康的捷径。

（1）指导学生掌握科学锻炼身体的方法。不知道如何行使科学的方式，不仅会影响运动效果，还可能对健康造成危害。只有了解和运用科学运动方法的基本原理，才能达到预期的体育运动效果。在课堂教学中，教师应自觉地向学生教授科学运动的原则和方法，让学生知道为什么、如何做准备活动和整理活动等方面的知识，把握好运动的强度和运动量。下面介绍用测量脉搏的方法控制运动强度。脉搏在160次/分的锻炼强度大约为80%；140次/分的锻炼强度大约为70%；120次/分的

锻炼强度大约为60%；110次/分的锻炼强度大约为50%。锻炼强度小于50%的没有明显的锻炼效果，大于80%的属于运动训练的强度。对于一般人来讲，身体锻炼时，脉搏控制在（110～160）次/分为宜。每个人应根据自身的实际，选择适合自己的运动项目和时间。

（2）加强良好锻炼习惯的训练。教师要根据学生实际情况，制定严谨科学的训练方法，并在反复训练中培养学生的良好锻炼习惯。而且老师不仅要传授，还要做好监督检查工作。

（3）培养训练学生良好的自我锻炼习惯。大学生自我体育锻炼的主要特点是有计划和有目的。根据自己的身体健康和运动能力，结合其职业特殊需要和未来职业选择，考虑个人实际情况，根据自己的兴趣爱好逐步形成习惯。

3. 形成良好锻炼习惯的因素

（1）发挥体育教师在教学过程中的主导作用。教师是学生的直接效仿对象之一，直接关系到学生能否形成良好的锻炼习惯。因此，体育教师课堂上，要规范讲解，加强方法指导。

（2）培养学生的自觉性。传统的体育教学是以教师为主题，教材和学生进行互动，不利于发挥学生的主体性。因此，教师在课前要指导学生进行教材的预习，上课时，学生就可以走出教材和教师互动，这既能培养学生的能力，也能培养他们养成良好的锻炼习惯。

（3）养成良好的作息时间。按照生物钟有规律地做息，不晚睡不赖床，每天8小时的睡眠时间。每周体育课只有90分钟，距离学生身体锻炼的需要还很远，学生要根据自己掌握的体育理论知识和实践技能，制订适合自己身体特点的训练计划，持续进行运动训练。

第一章
体育的概念与锻炼的基本原则

一、体育的概念与分类

（一）现代健康概念

世界卫生组织（WHO）1948年首先提出了健康的含义，认为"健康不仅是免于疾病和衰弱，而且是保持身体上、精神上和社会适应方面的完善状态"。1979年，世界卫生组织又在《阿拉木图宣言》中重申"健康不仅是疾病和体弱的匿迹，而且是身心健康、社会幸福的完美状态"。1989年，世界卫生组织将健康重新定义为"心理健康、身体健康、道德健康和社会适应良好"。一个人只有在这几个方面都健康，才能算是完全健康的人。

1. 生理健康

生理健康指人体的结构完整和生理功能正常。人体生理功能指以结构为基础，以维持人体生命活动为目的、协调一致、复杂而高级的运动形式。[①] 早期，医学更多的是强调生理健康。

应该承认，引起生理性疾病的自然因素和抑制因素及自然界的生态平衡等因素

---

① 宋金龙. 体育与形体保健. 北京：科学出版社2008年.

（包括受阳光、空气、水、气候与季节的影响）永远存在。如果就目前自然环境的恶化状况看，更多因素仍朝着不利于人类生存的方向发展，环境恶化趋势令人担忧。如2003年发生的由细菌和病毒感染引发的SARS事件。现在，全世界都在呼吁必须对引发人类疾病的病毒侵害予以高度重视。

2. 心理健康

心理健康是生理健康的发展。有三条判定心理健康的原则。

（1）心理与环境的同一性。指心理所反映的客观现实，无论在形式或内容上都应同外部环境保持一致。

（2）心理与行为的整体性。指一个人心理活动和行为是完整协调一致的。

（3）人格的稳定性。指一个人在长期的生活经历过程中形成的独特的个性心理特征，具有相对的稳定性。[①]

3. 社会适应能力

适应生活的角色，包括职业角色、家庭角色、工作、家庭、学习、娱乐、社会角色在转型和人际关系等方面的适应。适应社会的特点是身心健康和道德健康，无论是具备文化和科学知识，还具有强大的社交交流能力，不仅有资格在社会生活中担当个人角色，而且为社会创造贡献，实现自我价值。国民健康是最高水平的健康。缺乏意识的作用，发生脱位的作用是社会适应不健康的表现。

社会和环境因素是社会适应对健康的影响，包括人类生活和社会生活，提供服装、食品、住房等物质条件，也包括社会制度、文化传统、经济发展等因素。由于种种原因，营养、生活条件、医疗措施、家庭状况、卫生习惯、生活习惯和行为规范都应被视为影响个人健康的因素。

4. 道德健康

道德健康是人类的"本质力量"，是提高公民文化素养水平和素质不可或缺的基础，使个人思想、素质和行为理想化。据世界卫生组织监测中心统计，结核病、流感、肺炎、糖尿病、脑血管病、冠心病等常见病的死亡率与道德文化修养有着千丝万缕的联系。[②]道德文化水准和上述疾病的死亡率成反比，犹如我国的古语"君

---

① 萧会军，王慧. 医学心理学. 上海：上海第二军医大学出版社，2003年.
② 志强. 文化素养与健康. 科学养生，1996年第3期.

子坦荡荡，小人常戚戚"。道德健康源于生理健康和心理健康，又高于生理健康和心理健康。道德健康的最高标准是"无私利他"；基本标准是"为己利他"；不健康的表现是"损人利己"或"损人又不利己"，这样的结果自然也就无健康可言了。

（二）亚健康状态

现代社会，因为快速的生活节奏和日益激烈的竞争，人们因不能忍受生活压力常伴有疲劳、头痛、头晕、心悸、失眠等问题，但又不是明确的身体疾病，这种状态在，医学上被称为第三状态、灰色状态或亚健康状态。

导致人体第三状态的因素。第一，由于疲劳过度，身体和精神透支；第二，由于不健康的生活方式，如不吃早餐、偏食、暴饮暴食、饥饿餐等身体疾病造成营养不；第三，污染，暴露于过量的有害物质。另外，随着人体生物周期的低潮或人体的自然老化，也可能是第三个状态。应该指出，第三状态很大程度上是遗传疾病的潜伏期。

人体具有一定的适应性，第三种状态可以健康，但也属于这种疾病。如果您正在或即将进入第三状态，只要用科学的生活方式，通过饮食、心理调节和环境变化，补充身体的氧气，排除致病因素，可以改善和消除第三状态，早期回归第一状态，成为健康的人。

（三）影响健康的因素

据世界卫生组织宣布（1988），每个人的健康60%取决于自己，15%取决于遗传，10%取决于社会因素，8%取决于医疗条件，7%取决于生活环境和地理气候条件的影响。[①] 然而，对于每个人来说，除了特殊情况外，遗传、社会因素、医疗条件、生活环境、地理和气候都是难以改变的客观条件。

1. 行为和生活方式

尽管生活方式是由自然环境决定的，但它也属于社会行为，受社会的政治经济文化因素影响，一种好的生活方式可以保持人体健康，一种不好的生活方式可以引起疾病。常见的不良行为有吸烟、酗酒、饮食不当、缺乏运动、不良性行为及滥用

---

① 戴宝柱. 健康源于科学的生活方式. 吉林：延边大学出版社，2011年.

药物等。

建立良好的生活方式，需要合理的饮食习惯和社会生活习惯，每天7~8小时的睡眠保证。认真参加体育锻炼，特别是有氧运动。

2. 自然与社会环境

生活在社会中的人往往会从不利刺激的环境中引起精神压力。压力可能会影响人们的精神健康，并引起许多身体和精神疾病。因此，我们必须有一个良好的心理，保持积极进取的心情，培养良好的个性和性格，发展良好的人际关系，以实现内在世界与外在世界之间的平衡，防止各种各样的身体和精神疾病。

3. 生物学因素

人的生命从受精卵开始就受到环境影响，母亲的不良生活习惯或者是疾病都能影响胎儿的发育和健康，胎儿出生后更会受到社会政治经济文化等社会因素的影响。

4. 健康服务因素

要定期参加身体检查，早期检测、诊断和治疗各种疾病，力求使身体尽快从疾病纠缠中恢复健康活力。

二、体育的起源与发展

（一）概述

体育作为一种社会现象是随着人类社会的产生和发展而出现和演进的。[①]在人类悠久的历史中，体育与其他事物一样，经历了一个由萌生到发展到持续改进的过程，与整个社会具有密切的关系。其生产和发展是按照生存需要、享受和发展需要三个层次经历了各个历史阶段。原始人类在劳动斗争中为了生存，进行步行、跑步、跳跃、投掷、投掷、攀爬、游泳等能力发展。正是由于这些技能的发展，才改

---

① 杨伟堂. 人性的理性回归——论学校奥林匹克教育转向. 沈阳体育学院学报，2010年第6期.

变了人的本身。为了获得自然的物质而使用人的腿、眼睛、头和手，在自然的变化中，也是改变自己。人体在劳动的活动中，可以说是体育的初始形式。一些人的身体活动，有目的、有意识、定期地和健身、医疗结合，成为身体的一部分，只有与人体在生产劳动活动中进行区分，才能成为体育独立存在并逐渐以竞争的形式出现。

从1896年开始的现代奥林匹克运动会到今天，奥运会的形式在不断变化，各种具有影响力的不同类型的体育比赛也在国际、洲际、地区不断展开。在今天的高度现代化建设中，先进的科技不断推广应用于各方面的体育运动，各种科学的体育训练、健身、娱乐、保健越来越成为全社会的需要、人民生活的需要。

在教育部颁布的《全国普通高等学校体育课程教学指导纲要》的指导下，根据高等职业教育的办学理念，高职学院的体育课程改革明确了发展方向：在全面发展学生综合素质的基础上，强调发展学生的职业能力；在满足学生现实生活的需要和适应未来工作的身体及心理需求的同时，要为终身体育奠定基础。根据高职体育教育改革的这些特点，高职院校体育课程就孕育而生了，且在近几年取得了一定的成果，体育课程的内容在普通高校体育课程的基础上加入了发展职业能力的内容。但现阶段，职业实用体育课程正处于研究的起步阶段，没有系统的教学内容，没有针对性的评价体系，课程设计不能满足改革的需求等。相关的研究大都只涉及这一领域的某一方面，根据高职教育的特点形成自己特有的体育课程体系已经成为高职体育教育课程改革的发展方向。

（二）体育的起源与发展

体育作为人类文化的重要组成部分，随着人类社会的发展逐渐形成和发展。据史学家和考古学家的研究，人类早在原始时代就把运动如跑步、跳跃、摔跤、攀岩、爬山等技能作为最基本的生产劳动和日常生活的本领传授给下一代。

这是人类教学的头角崭露，也是体育活动的种子。体育发展与教育、军事、科技、人文宗教活动和娱乐活动的发展密切相关，同时还受到社会政治经济文化的制约。

体育发展历经三个时期：运动初期的原始时期；有意识地从事体育运动；体育系统时期的形成和完善。经过三个时期，逐步形成了现代体育体系。竞技体育的发展是现代体育发展的主要动力。体育概念中"体育"一词，据世界体育资料记载，最早是法国人于1760年在法国的报刊上论述儿童身体教育问题的论文时首先起用的〔Education Physique（法）〕。现在国际上普遍用"Physical Eduation"泛指"体育"。它的本意是指以身体活动为手段的教育，直译为身体的教育。"Sport"一词一般认为源于拉丁"Disport"，它的本意是指离开工作去游戏、玩耍、进行娱乐活动等。后来逐渐形成具有新含义的一个概念，即竞技运动（竞技体育）。①

我国的"体育"一词是近百年来从国外传入，学界一般认为是从日本传入。新中国成立后，都用"体育"和"体育运动"这些词作为体育的总概念或第一位概念。"体育"有广义和狭义之分，也没有明确的定义，目前比较流行的观点是，它是指根据人类社会生活的需要，依据人体生长发育、动作技能形成和机体机能提高的规律，以身体练习为基本手段，达到发展身体、增强体质、提高运动技术水平、丰富社会文化生活的一种有意识、有目的、有组织的社会活动，及其在人类社会发展中形成的全部财富。

我国现代体育基本上由大众体育（群众体育、社会体育）、竞技体育、学校体育三方面组成。

通常，许多人喜欢在运动后去洗个热水澡，以为这样既可去污又可恢复疲劳。其实不然，运动后身体尚未恢复正常状态，不宜立即洗澡，尤其是洗热水澡。根据运动医学专家的研究显示，运动中的人，肌肉血液增加，心率加快。当运动停止后，血液的流动和心率虽有所缓解，但仍会持续一段较长的时间，如果这时立即去洗澡，会增加血液向皮肤及肌肉的流量。这样就使得所剩的血液不足以供应其他重要器官，如心脏及大脑，因而会诱发心脏病。特别是老年人或者身体肥胖者，运动后就更不能立即去洗热水澡了。

每个人的生活，没有人可以摆脱运动，从婴儿蹒跚学步，到各种锻炼方法，一切为了生存，为了健康。只有人体体质好，心理素质好，才能适应社会的需要。在古代，人类用强大的身体和野兽抗争，捕捉食物，适应恶劣的自然环境。在现代社会，生活条件大大改善，吃营养丰富的食物，居住冬暖夏凉的住房，出行以车代步，体力劳动由机器取代。

---

① 武东明，江崇民，张彦峰. 民族传统体育的分类. 体育科研，2009年第4期.

据说物质文明的发展是高血脂、高血糖、高血压、心血管和脑血管疾病的主要原因。 事实上，这些疾病与环境污染、食物污染、空气污染、水污染密切相关。另外还有现代"富贵病"高发，主要是因为现代人缺乏必要的健身运动。

另外要注意的是，运动时间不能太短，也不能太长。时间太短，热量消耗不够，当然动总是好的，即使只是移动手臂，松松筋骨也很有用。运动时间过长，会影响第二天的工作或学习。简言之，运动应该是有规律的，而且不能过度，要持之以恒，细水长流。"户枢不蠹，流水不腐"，这自古以来的道理，永远都是有用的。

人们在激烈的运动后，会感觉腰部或身体的肌肉疼痛，疲惫不堪，有些人感到饥饿难耐。在这个阶段，有些人抱着可口可乐大饮，还有一些人嚼巧克力，有的吃鸡肉、鱼肉、猪肉。事实上，吃得越多，肌肉酸痛和疲劳就越加重。原因是身体的酸碱平衡不仅不能保持正常，相反，身体的酸碱和疲劳引起疲劳症状。 通常我们的食物可以分为酸性食物和碱性食物。 确定食物的酸度，不是基于人们的口味，也不是基于食品在水中的化学性质，而是根据食物进入身体的最终代谢产物产生的酸度而定。

蛋白质、脂肪、糖类食物，含氮、磷等非金属元素较多，为酸性食物；而蔬菜、水果、豆制品等含钠、钾、钙、镁等金属元素较多，为碱性食物。这些食物在体内代谢后生成碱性物质，可以防止血液酸性方面的变化。虽然水果吃着酸，但它是碱性食物；鱼、肉、鸡蛋、糖等味道不酸，但它是酸性食物。一般正常人的体液呈弱碱性。人体运动，感觉肌肉、关节酸痛和精神疲劳，主要原因是身体的糖、脂肪、蛋白质分解很多，在分解过程中，产生乳酸、磷酸等酸性物质。这些酸性物质刺激身体组织和器官，人们感到肌肉、关节酸痛和精神疲劳。此时应多吃牛奶、大豆制品、水果和蔬菜等碱性食物，这样能减轻身体的酸性成分，减轻疲劳。

只是定期运动，并不意味着健康和长寿。目前的科学研究只能证实，健康的饮食平衡，正常体重和中度活动可以预防1/3肿瘤的发生。另外参加身体活动也可以预防60％2型糖尿病的发生，可以降低非传染性疾病的发生率、住院率、发病率和死亡率，有利于高血压和糖尿病患者的血压和血糖控制，有利于预防骨质疏松症，有利于降低总胆固醇和高密度脂蛋白胆固醇比例，有助于调节心理和生理平衡，减轻压力，增强自信心，缓解抑郁和焦虑。

运动过后的"冷却"，如同健身之前的"预热"一样不可忽视。身体运动后，

需要逐渐恢复到比较安静的状态，这个过程不仅是为了减轻身体和精神上的压力，当运动和放松时，也要把运动和日常生活联系起来。从心理的角度来看，放松的愿望，首先是放松的心情。良好的心情促进人类行为的作用，而消极的心情可能使原来的感觉对事物变得沉闷不堪。从生理的角度来看，只有在心情良好的状态下，才能及时释放运动形成的身体功能的紧张，使呼吸系统、心血管系统和肌肉、关节、韧带等放松，并恢复大脑皮层对应的兴奋中心，使兴奋和抑制相互调整，从而达到身体健康，恢复体力的目的。

健身是涉及各种基础和应用学科的科学。现代健身的发展和普及在很大程度上取决于新兴的研究成果，因为这样才能使健身具有"对症下药"的效应。科学健身概念和原则是所有健身活动的基石，可以帮助确定健身计划，从而实现健身目标。为了获得最佳的健身效果，必须根据运动频率、强度、时间和方式来制定锻炼方案和健身程序。否则，难以取得满意的效果。

三、体育锻炼的基本原则与内容

体育教师要深刻理解新《全国普通高等学校体育课程教学指导纲要》的内涵，服从新的教育理念；明确新《纲要》提出的课程性质和功能；全面认识课程目标的设定。教学建立新的教学理念、学生观念；改变学生学习和评估学生的方式；掌握教学内容原则的选择；尝试丰富的个性教学方法。

（一）问题的提出

2003年新学年开始，在全国所有普通高校中实施《全国普通高等学校体育课程教学指导纲要》。新《纲要》在课程性质、课程目标、课程设置、课程结构、课程内容与教学方法、课程建设与课程资源的开发、课程评价七个方面对普通高校体育课程教学提出了全新的要求，也对高校体育教师提出了更高的要求。

体育教学是实现课程目标的重要途径，而体育教师又是体育教学的策划者、组织者、实施者。长期以来，高校体育教师已经习惯了按照教学大纲要求组织实施教学，新《纲要》的实施无疑给教师提出了严峻的挑战。体育教师要全面深刻地理解新《纲要》的内涵，优化教学内容，改变传统的评价方式，尝试具有个性化的教学方法，以适应新《纲要》对教师提出的要求，促进新《纲要》在教学过程中的实施。

（二）全面深刻地理解新《纲要》的内涵

无论学校体育目标，还是体育教学目标，从根本上讲都要遵循体育观念。新中国成立以来，中国普通高校的体育教育一直遵循苏联竞技化教育体系，"体质教学思想""技能教学思想"已成为大学体育教学指导思想的主体。因此，体育教师在思想上和行动上都很难接受新《纲要》，甚至有人错误地认为学习新《纲要》就是学会"放羊"。因此，体育教师要加强对教育理论知识的学习，主动学习有关教育、教学改革论著，全面深刻理解新《纲要》的内涵，自觉服从新《纲要》所提出的新理念；明确新《纲要》提出的课程性质和功能；全面认识课程目标的设定，从而促进新《纲要》在体育教学过程中的贯彻实施。

1. 领会新《纲要》倡导的教育理念

教育理念是一定社会或阶层的人们，在一定时期对教育的本质、功能、目的、原则、师生关系等重大教育问题的认识和看法。随着素质教育的全面推进和《基础教育课程改革纲要》的实行，新的教育理念对各门课程的改革都产生了深远的影响。新《纲要》体现了"健康第一"思想、终身体育思想、素质教育思想、发展学生个性等重要理念。教育理念的正确与否，直接关系到课程的发展方向，是实现课程目标的基本前提和根本保证。这些新理念是：①坚持"健康第一"的指导思想，促进学生健康成长；②激发运动兴趣，培养终身体育的意识；③以学生发展为中心，重视学生的主体地位；④关注个体差异与不同需求，确保每个学生受益。体育教师不管愿意不愿意，都必须服从于这些理念，只有先服从这些理念，才能逐渐认同并适时转化为自己的教学指导思想，自觉落实到教学实践中去。

2. 明确新《纲要》提出的课程性质和功能

新《纲要》明确指出："体育课程是大学生以身体练习为主要手段，通过合理的体育教育和科学的体育锻炼过程，达到增强体质、增进健康和提高体育素养为主要目标的公共必修课程。"这句话强调体育课程的目标不仅是提高身体素质，还要进行思想道德教育，体育课程的功能与过去明显不同。

3. 全面认识课程目标的设定

新《纲要》课程目标以健康三维观为出发点，设定了面向全体学生，包括体育特长生的发展目标，彻底改变了过去的教学任务，提出了具有鲜明时代性的教育理论发展新概念。将课程目标细化为运动参与、运动技能、身体健康、心理健康、社会适应五个领域目标。课程目标体系的重建充分体现了"健康第一"思想、素质教育思想、终身体育思想、发展个性教育思想。课程目标是课程的关键问题，它决定着课程内容、方法、评价的设计与选用。因此，体育教师必须明确新课程目标，才能正确把握课程改革方向，有利于顺利实施课程目标。

（三）教学方法的转变

新《纲要》明确指出，教学方法要注重个性化和多样化，让学生真正融入课堂，不仅要传授文化知识，还要加强学习方法和实践方法的指导，提高学生的自学能力、自我训练能力。要改变传统的教学方法，树立新的教学观念，改变学生的学习方式。

1. 树立新的教学观

传统体育课程采用以练习法、语言法、讲解法、示范法为主的教学方法，教师教什么，学生就学什么，学生缺乏学习的主动性，也缺乏学习的技巧和方法，也就是不会学。现代教育心理学研究指出，学生的学习过程不仅是接受知识的过程，而且是发现问题、分析问题和解决问题的过程。新的教学理念强调，教学是教与学，师生互动，相互交流，互相启发，相辅相成。在这个过程中，师生分享对方的思想、经验和知识，交流对方的情感、经验和思想，丰富教学内容，寻求新的发现，达成共识，共同实现教学共同发展和学习。教学不是在教师的教学中简单地总结，而是教师和学生互相学习、平等交流、共同成长的过程。

2. 建立新的学生观

学生不仅是教育的对象，也是教育的主体。在传统体育教学过程中，教师倾向于注意学生的技能，忽视学生的情感体验、生活态度、道德生活、个性发展，衡量所有学生的运动表现水平，忽略学生的个人差异。新的学生观念是教师以学生为发展的人，独特的人，在掌握体育技能、增强身体素质的同时，提高心理健康和社会适应能力。

3. 转变学生的学习方式

学生的学习方式一般有接受和发现两种。在学习的接受中，学习内容以最终形式呈现，学生是知识的接受者。在学习的发现中，学习内容以间接的问题形式呈现，学生是知识的发现者。改变学生过去单一被动的学习方式，发挥学生主观性，促进学生在教师的指导下积极丰富的个性学习。新《纲要》强调要加强对学生学习方法和练习方法的指导，提高学生自学自练能力。实践证明，学生更多的是进行独立的学习和锻炼，所以体育教师在选择教学方法时，必须以教学内容为基础，结合学生的实际情况进行选择教学方法，形成其独立获取知识与进行体育锻炼的意识和习惯。

（四）选择教学内容是实施新《纲要》的基础

新《纲要》以目标统领内容，虽然让体育教师有足够的选择空间，但不代表可以盲目无意义地进行选择。教学内容是实现五个领域目标和课程目标的载体，体育教师要根据新《纲要》确定体育课程内容的选择原则：①健身性与文化性相结合；②选择性与实效性相结合；③科学性和接受性相结合。根据"健康第一"的指导思想、终身体育思想、学生个性发展教育思想，有针对性地选择教课内容，满足学生个性发展和社会发展的需要，提高学生自主运动的意识。

目前竞技体育项目是我国体育课程的主要教学内容，对学生的教育性、健身性、文化性、趣味性方面具有不同的要求。面对复杂的教学内容，教师应根据学校体育设施和学生的实际情况，选择有效的教学内容，以方便实现教学目标。

体育教师应该有能力发展和创造新的体育项目。新运动项目的提法是相对于现代奥林匹克项目为代表的近代体育运动项目而言，对身体运动能力的要求水平不算太高，适合各年龄段的个人和团体使用。也有一些运动项目已经走进课堂，得到学生的欢迎。新《纲要》再次说明体育教师不能只是教学大纲的执行者，而应该是教学内容的开发者和创作者。体育教师应善于创新，发展创造更多新体育，并大胆运用于教学实践中，丰富、发展和完善体育教学体系。

（五）发挥评价对学生的激励作用

课程评估在实施课程和质量控制方面发挥重要作用，要让每个学生都能感觉到

在体育运动中的乐趣，享受体育活动的成功。

1. 实现评价目标的多元化

过去，体育课程中，学生的成绩主要以运动技能水平来判断。这个单一的评估目标不仅忽视了学生的个人差异，也不利于培养学生的兴趣和自主体育锻炼的能力。新《纲要》提出从体能、知识、技能、学习态度与行为、交往合作精神、情意表现来评价学生，实现了评价指标的多元化。因此，体育教师要改变传统的成绩评估方式，转而采用定性和定量相结合的评价方式评估学生成绩，既要重视学生体育技能的学习，又要考虑到心理健康和社会适应性学习，正视学生的个体差异，为促进学生终身体育的整体发展打好基础。

2. 实现评价方式的多样化

过去，教师对学生的评价，大多是学校教什么就考什么，老师常常只关注学生的成绩而不太关心学生学习过程的变化。关注结果的终结性评价，是面向过去的评价。关注评估过程的形成，是为了"未来"，重点在于发展评估。体育教师改变过去以教师为主的评价手段，建立学生自我评价、相互评价和教师考核等方式，注重学生的情感体验和生活态度，在教学过程中，教会学生如何与他人和谐相处，融入到社会生活中。

四、体育运动与保健

（一）基本方法

1. 重复法

重复法就是指在掌握一定运动技术的基础上，在1次、1周或一段时间里反复进行身体运动的方法。重复法主要用来锻炼心血管和呼吸系统的机能，提高肌肉的力量和速度，学习和掌握新的技术动作。原则是在上一次运动的疲惫感过后再进行下一次运动。

2. 间歇法

间歇法是指在两次运动之间，有一个严格规定的休息时间，使运动者身体恢复到一定的程度（即尚未完全恢复）时，接着再进行一次运动的方法。这种方法主要用来提高呼吸和心血管系统的机能。

一般来讲，采用间歇法，人体在间歇时心率保持在120～160次/分，为最理想的负荷幅度。不同的身体状况，有不同的间歇时间。身体较好，运动水平较高，生理负荷相对较小，间歇时间短些。一般情况下，每次运动的间歇时间在45～90秒为宜（指在一次的一种动作练习中）。要注意在间歇期间不能被动地静止休息，应该进行积极性休息和放松，如进行慢跑、放松肌肉、多做深呼吸等轻微活动，这样可以帮助静脉血回流心脏、增加氧气的供给等，使机体恢复正常。

3. 负荷法

负荷法是指在每次运动过程中，严格规定动作次数、速度、质量和器械重量，以及每分钟心率的次数等。这种方法主要用来发展神经系统、心血管系统和运动系统的机能。

在身体运动过程中，一定要根据年龄、性别及体质状况来确定负荷的大小。

（1）简单负荷法。

最大心率=220-年龄（适用于大学生）

运动时最大心率=（最大心率-安静时心率）×70%+安静时心率（适用于各年龄段）

最适宜负荷=（本人最高心率-运动前安静时心率）÷2+运动前安静时心率（联邦德国学者提出，目前广泛应用）

（2）卡沃南负荷法。

运动时心率=（最高心率-安静时心率）×x%+安静时心率x%（老年人为50%；中年人为60%；青年人为80%；少年儿童为70%）。

（3）阶段变换负荷法。

每八周为一个周期，又分为三个阶段，各阶段生理负荷要求不同。

第一阶段最佳心率=（220-年龄）×60%

第二阶段最佳心率=（220-年龄）×70%

第三阶段最佳心率=（220-年龄）×80%

（4）指数负荷法。

4. 循环法

循环法是指用较简单易行的运动动作组成固定不变的身体运动程序。循环练习对于青少年提高身体素质和提高运动能力有较显著的效果。

循环法是按程序设立若干个"运动站"，一般为4~5个站，各个站的运动动作与方法不同，运动者按顺序进行循环练习。由于各"运动站"的负荷和练习动作不同，因此对人体既可以产生较全面的影响，又能提高身体运动的兴趣。

5. 变换法

变换法是指在身体运动过程中，采取变换运动负荷、环境、条件、内容、要求和动作的组合等因素的一种身体运动方法。这种方法可使神经系统的灵活性和机体的适应性得到提高，培养良好的意志品质和调节心理平衡。

在运用变换法时，要根据运动者身体适应能力和运动水平的变化来考虑，并且要循序渐进。

6. 综合法

综合法是根据运动者的需要将以上5种方法进行最佳组合，合理地组合两种以上的方法来发展身体机能。

7. 游戏法

游戏法尤其适用于青少年儿童的身体运动，可以激发他们参加体育锻炼的兴趣和主动性。

8. 比赛法

比赛法是运动者参加某体育竞赛和训练，不同年龄、不同性别的人都有相应的体育竞赛项目，要选择适合自己的体育竞赛项目进行健身。

9. 利用自然条件法

利用自然条件法是利用自然因素来促进机体的新陈代谢能力，防治某些疾病，增强机体适应自然的能力，促进机体的生长发育等。同时，也要根据自己的健康状况选择适合自己的方法。

10. 运动处方法

运动处方法是指运动者针对自己的健康状况来确定运动的内容、方法、原则、时间和严格控制运动负荷，并且规定注意事项，以防治疾病为主的一种身体运动方法。

运动处方法的基本要素有：第一，运动的内容要有针对性。第二，运动的次数要适当。第三，运动时间要合适。第四，运动强度要合适。第五，运动处方的制定要按照医生的医嘱。第六，注意事项。根据部分健康指标拟订身体运动的注意事项。

（二）运动处方的原理

1. 运动处方的概念和特点

运动处方是指针对个人的身体状况，因人而异，对"症"下"药"的一种科学的、定量化的体育锻炼方法，可以避免由于不合理的运动而损害身体，更好地提高身体素质。

2. 运动处方的原理

人体在运动时和运动刚结束时发生的变化，称"一时性适应"，表示身体功能正在运动。不断重复"一时性适应"，可产生"持续性适应"。不同的运动方法有不同的"持续性适应"。例如，反复进行强烈的力量运动，会使肌肉变粗，肌肉力量增强。而反复进行长跑，则可能增强心肺系统和血液循环系统的功能，可使更多的氧被摄入体内。

但是，不是所有的重复性动作都可以引起"持续性适应"。只有合适的运动强度才会引起，因此在运动过程中要注意安排适当的运动负荷。

（三）运动处方的内容

1. 运动项目

运动项目主要根据运动者所要达到的目的而设定。一般健身或改善心血管及代谢功能、预防冠心病、肥胖症等，可以练习耐力性（有氧训练）项目，如走、慢跑、自行车、游泳、爬山及原地跑、跳绳、上下楼梯等；改善心情、消除身体疲劳或防治高血压和神经衰弱等，可选择运动负荷较小的放松练习，如太极拳、散步、放松操或保健按摩等；针对某些疾病进行专门性的治疗，必须选择有关疾病的医疗体操，如慢性支气管炎、肺气肿患者就应做专门的呼吸体操，内脏下垂者应做腹肌锻炼、脊柱畸形、扁平足者应做矫正体操等。

2. 运动强度

运动强度对运动效果和安全性有直接影响，掌握适当的运动强度来确保运动效

果。反映运动强度的生理指标通常采用测定心率。在运动处方中应规定运动中应达到而不应超过的心率指标，其标准应根据锻炼者的实际情况而有所不同。大学生的运动强度可分为三级：较大（150~160次/分）、较小（125~135次/分）、小（110次/分）。运动时常用计脉搏跳动的次数来掌握运动强度（即测10秒脉搏次数，再乘以6，为1分钟脉搏次数）。

3. 每次运动的持续时间

耐力性运动（有氧练习）可进行15分钟至1小时的练习，其中达到适宜心率的时间应该在10分钟以上；医疗体操持续的时间视具体情况而定。运动中应常有短暂的休息；计算运动负荷时要注意运动的密度，并扣除休息的时间。运动中的休息时间不能计算入运动负荷，由运动强度和运动持续时间来确定运动负荷。身体素质好的大学生可以选择较大的强度、较短的练习时间，体弱者应选择较小的强度和较长的运动时间。

4. 运动次数

每天最好都进行体育运动，每周可以进行3~4次的锻炼，不论什么样的体育运动，都要注意选择适合自己情况的运动负荷。

（四）制定运动处方的原则和程序

1. 制定运动处方的原则

为了保证运动处方的安全性和有效性，提高锻炼效果，达到增进健康与防病治病的目的，在制定运动处方时应遵循以下基本原则。

（1）安全有效性原则

制定运动处方，首先必须考虑的是安全，其次是锻炼的有效性。保证安全除了解病史、家庭史和医学检查外，制定运动处方必须达到改善心血管和呼吸功能的有效强度。其上限是安全范围，下限是有效范围。

（2）区别对待原则

每个人的状况不同，不同年龄的人也会有不同的状况，要因人而异，区别对待。

（3）动态调整原则

并是不所有人都适应运动处方，对于首次制定的运动处方，要经过运动实践及多次调整后，才能成为符合自身条件的有效运动处方。

2. 制定运动处方的程序

运动处方是按照健康诊断和体力测定、制定运动处方、实施体育锻炼的程序来制定的。

（1）健康诊断和体力测定

运动处方是在充分考虑人的健康状况的基础上制定的。因此，制定运动处方前，首先要对实施体育锻炼的人进行系统的健康诊断，以便放心地参与运动。如果有病，应先治病，或按治疗性运动处方进行体育锻炼。这时要与运动处方医生或指导老师密切合作，然后进一步作心肺功能测定，以了解自己的体力水平。目前多采用12分钟跑的方法来测定心肺功能。然后根据各项检查结果，结合性别、年龄和运动经历制定运动处方。

（2）制定运动处方

①制定目标，选择运动项目

从实际出发，选择合适的运动项目，还要选择合适的季节和天气进行体育锻炼。对于健康型的大学生，最好选择球类、健美、武术、田径、游泳等运动项目。

②确定运动强度

运动强度直接影响人体的运动效果和安全性。运动处方开发和实施的关键是运动强度是否合适。心率作为定量指标。体育运动者确定运动强度应注意：健身作为耐力运动的目标，通常使用适度的力量；身体健康、运动基础良好的大学生，运动强度可稍大一些；放松活动一般使用力量较小。肢体功能锻炼和矫正体操运动强度和运动应根据肌肉疲劳程度，无心率判断。

③确定运动时间（每次运动的时间）

一般运动时间控制在15～20分钟为宜。运动时间和运动强度共同决定运动量。运动量确定后，运动强度大时，持续时间则较短；反之，则较长。

④确定运动频率（每周锻炼的次数）

每周锻炼的次数与运动效果密切相关。对体育锻炼者来说，每周安排三次锻炼就可以了。运动实践表明，以增进健康、保持体力为目标的体育锻炼，结合个人学习、生活的情况，每周安排3～5次锻炼为宜。重要的是养成锻炼的好习惯。

（3）实施体育锻炼

在执行过程中，允许结合当时的主观客观情况，对原来的处方进行了小的或部

分调整，使其更为合理。体育运动应及时了解身体变化，掌握信息反馈，不断修改运动处方，以进一步提高体育运动的效果。

3. 运动处方的格式

运动处方可根据不同需要制定不同的格式。运动处方中必须列出禁止参加的项目、自我监督指标和异常情况下的标准。要循序渐进，注意安全。

（五）体育活动与生理健康

体育是通过身体运动进行的，要求人体直接参与活动，这是体育运动最重要的特征之一，这一特征决定了体育运动的健康功能。人体的发展遵循"用进废退"的生物学规律，合理科学的体育锻炼是保护人体生理极限的有效途径。身体运动造成的神经肌肉活动，既能保证身体的运动器官等器官功能的好转，又愉悦身心。

1. 肺部活动对增强体质的作用

（1）改善呼吸系统的功能

人体运动过程中加深呼吸的过程，会吸进更多的氧气，排出更多的二氧化碳，这使得肺活量增大，残留气量减少，肺功能增强。经常锻炼的人由于身体适应能力较强，其呼吸显得平稳、深沉、匀和，频率也较慢，平均每分钟呼吸6.8次，而不锻炼的人平均每分钟呼吸12~15次。

（2）提高消化系统的功能

身体运动会增强体内营养的消耗，使全身的新陈代谢增强，从而增加食欲。体育锻炼也将促进胃肠蠕动和消化液分泌，改善肝脏、胰腺功能，使消化系统的功能得到改善，为人类健康和长寿提供良好的物质保证。

（3）改善神经系统的功能

人的活动是在神经系统支配下的协调活动，坚持锻炼的人（特别是中老年人），常表现为机体灵活、耳聪目明、精力充沛，这正是神经系统功能健康的表现。

2. 预防心血管疾病和其他慢性病

（1）降低心血管发病的危险性

在我国，心血管疾病的死亡率排在第一位。大量的研究表明，参加适当的体育锻炼可以显著降低心血管疾病形成和发生的风险。

（2）降低糖尿病发生的危险性

糖尿病的特征之一是人的血糖水平很高，而且还有并发症，定期运动可以控制血糖水平的升高，从而大大降低糖尿病发生的可能性。

（3）预防骨裂

骨质疏松导致骨裂，骨裂发生在所有年龄段的人群中，在老年人（特别是老年妇女）中很常见。研究表明，定期运动可以改善骨密度和骨强度，预防骨裂，也能够治疗骨质疏松问题。

（4）控制体重与改变体形

众所周知，过分肥胖会影响人的正常生理功能，特别容易导致心脏负担增加，预期寿命缩短。如果一个人的皮下脂肪超过正常标准的15％～25％，那么其死亡危险率会增至30％。俗话说："长练筋长三分，不练肉厚一寸。"体育锻炼可以达到减肥的效果，改善身体外观。

（5）延年益寿

俗话说："身体锻炼好，八十不算老。"大量的研究表明，定期的体育锻炼可以长寿。有一项持续30年的研究显示，不锻炼的人比经常锻炼的人早逝的可能性为31％。定期进行身体锻炼，可以预防心脏病和癌症以达到延年益寿的效果。

（六）运动中的营养卫生

任何形式的体育锻炼都是通过肌肉的收缩活动来完成的，它的前提和基础是消耗能量，而锻炼时强度越大、持续时间越长，能量消耗就越多。所以运动中和运动后必须合理地营养补充，才能使体育锻炼起到促进人体生长发育、增强体质和提高健康水平的目的。

1. 运动后不宜立即进餐

运动后不能立即进食，因为大量血液运动到运动器官，胃肠道血流相对减少，胃液分泌较少，消化系统功能在相对抑制的状态，立即进餐会影响食物的消化吸收，长期而言，会导致消化不良或胃肠道疾病。合理膳食一般在运动后半小时内进行，大运动量后则应休息45分钟以上。

2. 饭后不宜立即进行剧烈运动

进餐后应间隔1.5～2.5小时才可进行剧烈运动。因为进餐后短时间内，胃中食

物充盈，剧烈运动会影响呼吸、影响食物的消化，还容易引起腹痛、恶心等症状，久而久之，会酿成胃下垂等严重后果。

3. 运动与饮水

长时间添加水分很重要，尤其是在夏天。补充水分的方法优选为少量，从而可以在不增加心脏和胃的负担的情况下保持身体中的水平衡。一次大量饮水对心脏和胃都不好，因为大量水分骤然进入体内，可使血液稀释和血量增加，这会增加心脏的负担。大量的水进入胃中，由于不能及时被机体吸收（人体吸收水的速度最大是每小时800毫升），就会造成水在胃中贮存，稀释胃液并影响消化，使人不舒服，并可能引起呕吐。为防止运动中脱水，我们可以在运动前补水，方法是在运动前1小时补水300~500毫升，或在开始进行运动前10~15分钟可适量饮水150毫升，以增加体内水的临时储备，这对维护运动时的生理机能有良好作用。

（七）环境卫生

1. 体育锻炼与气温

体育锻炼贵在持之以恒，春、夏、秋、冬都不应间断。因此，锻炼时要顺应春温、夏热、秋凉、冬寒的气候特点，特别要避免在恶劣的气温环境下锻炼。

2. 体育锻炼与空气

空气是人类赖以生存的物质，人在生命活动过程中需要吸入足够的氧气、新鲜空气，以振奋精神，消除疲劳，提高学习和工作效率，也能改善睡眠、改善呼吸功能、提高基础代谢。在体育锻炼时，由于气体交换充分，特别要摄取更多的氧气，以供给运动中的能量消耗。因此，更要注意在空气新鲜的环境下进行锻炼。

通常情况下，在大城市中，交通拥挤、人多的地方含有较高的二氧化碳和臭氧；特别在上午11时至下午3时炎热的夏季，臭氧含量更高，阳光中的紫外线辐射最强，所以要避免在这样的环境下运动。

3. 体育锻炼与声音

声音也是一种环境因素。清晰的音调、理想的声音强度可以安定情绪或鼓舞人心。然而，不规则的噪音使人不安，强烈持久的噪音，可引起神经衰弱，甚至高血压、心脏病复发。更应避免在噪音高的地方锻炼。

第二章
中学生锻炼态度的跨文化研究

一、中学体育健康教育普及情况

（一）农村中小学体育教学现状的调查报告

学校体育作为教育的重要组成部分，肩负着提高学生体能和培养合格人才的任务，农村中小学体育教学现状确实令人担忧。

1. 农村学校体育的现状及其存在的问题

（1）学校只重视升学率，忽视体育教学

衡量一所学校的实力不仅是升学率，教师教学效果的判断不仅是考试成绩。实际上，升学率和考试成绩一直是全社会和学校的指挥棒。这种观点在农村尤为突出。在这个强大的压力下，学校管理人员要提高升学率，必须关注多数老师的考试表现。在中小学考试或中考考试中优秀的老师，就是学校骨干，不但要拿奖金，而且考核晋升无条件优先。在这种只重升学率的教育背景下，体育教学在整个学校教育中变得可有可无。体育教师被冠上"副科教师"的名号，体育课成为放养课，还常常被"主科教师"拿来占用补课，体育课只是课表上的摆设，这种现象在农村中小学，尤其是毕业班极为突出。这也就严重压抑了体育教师的工作热情，他们敷衍了事，学生自然也得不到有益身心健康的全面发展。

（2）学校体育观念滞后

只看重提高体育成绩，忽略培养学生的运动能力；只专注于体育特长生在学校运动赛事中的成绩，忽视对所有学生运动能力的发展；只重视短期的运动表现，不重视学生身体素质的长期提高和良好自我运动意识的培养。这些体育教学的陈旧观念在当下的农村中学体育教育中依旧根深蒂固，不仅领导不够重视，即使是从事一线的体育教师也没有转变思想。

（3）学生整体缺乏体育锻炼意识，上课兴趣不足，热情不够

由于各种原因，导致学生整体缺乏体育锻炼的意识，对体育课热情不够，能参与锻炼的仅仅局限在按部就班的广播体操和眼保健操，即使身体在体育课堂，心也在别处，不是应付了事就是以各种病由请假逃避体育运动。这正是学生缺少体育兴趣和自我运动意识的表现，把体育课误认为是单纯的自由活动，随意玩，完全脱离了老师的教学组织。

（4）体育教师队伍力量薄弱，工作积极性不高

从事体育教育工作的教师数量不足，教育教学水平有待提高。因为学校的不重视，体育课没有专业老师，往往是由其他学科的老师兼任。有的中学哪怕有专业的体育老师，也是几个班、几百人一起上，这么多学生一个老师怎么能全面照顾。有人曾笑话体育课是"一个哨子，两个球，学生老师都自由"。

师资力量缺乏，这就导致教学内容单一且重复。体育教师、教学内容、教学器材通常从低年级到高年级都是千篇一律的内容，缺乏创新，学生根本没有兴趣。没上课就知道课程内容，期末考什么上课就教什么，考跳远就节节跳，考跑步就节节跑。有时主科老师还会占用体育课补习功课，这种现象在毕业班中尤为严重，有时遇上天气不好，体育教师也会直接把体育课改成自习课，做一些与室外体育无关、室内体育也毫无关系的其他事情。

再则，农村学校的全职体育教师配备不够。1000人的20个教学班，学校一般情况下只配备2~3名体育教师，这种状态还算是好的。绝大多数兼职的体育教师没有接受过专业培训，其专业水平还达不到相应的教学水平。由于一直被忽视，这些体育教师缺少对体育教学的热忱，个别教师还会从事第二职业，更无心投入于学校体育教育事业中。

（5）体育经费严重不足

农村中学的教学费用受到地方财政的限制，且其自身自主创收能力又较弱，导致学校资金严重短缺。学校大部分的教学经费往往都是分配到语数英这些主要教学科目上，对体育教学经费的资金投入可谓是寥寥无几，不说拓展运动器材根本不具备经费选购，就算是最简单的体育器材，也已陈年老旧亟须更新，这就导致体育教学的辅助设备非常落后，限制了教学方式和内容的创新，教师只能依靠现有的运动器材进行单一重复的教学内容。

农村学校每年每个学校购买新设备成本不到1000元，一般来说，20多个教学班，1000号人的学校会配置几个篮球，几对乒乓球，这是相当不错的，有的学校甚至连一个普普通通的垫子都没有，很多农村学校根本无法进行体育设施的改善。面对这些，农村中学体育工作很难有效开展。

2. 解决现实问题的对策与建议

（1）建立严格的体育工作督导小组和评估体系

重视学校体育教育工作的监督和检查，保证学校体育教学质量，提高体育教学管理水平。

（2）加大对体育的宣传力度

通过多种渠道促进体育运动的宣传，让更多的人了解体育，关注体育和支持体育，尤其是学校领导和学生家长要改变陈旧观念，支持体育工作，鼓励体育教师提高自己的专业知识和职业素养。

（3）重视体育教育人才

学校要加强师资队伍建设，培训现有的体育教师，同时吸引人才入校，建立高级教师队伍，提高教师的学术水平，以满足学校体育发展的要求。

（4）拓宽体育经费渠道

要根据当地实际情况，扩宽融资渠道，加快体育设施器材的更新和建设，用多元化的资金来源改变农村学校体育经费不足、器材设备简陋的状况。

（5）有计划地开展体育活动

学校要保证体育课时，不能让文化课教师随意挤占体育课，所有教师都要重视体育教育，为使学生进入自发、自由的体育锻炼境地而努力。

从农村的实际情况看，一些竞技类体育项目尤其是体操项目类的器材要达到标

准是要花费很长的时间。因此，我们可以先利用学校的地形开发一些易于开展的项目，诸如越野跑、定向运动等体育运动项目，鼓励教师和学生自给自足，自己动手制作简易器材，形成有区域特色的教学内容。

农村学校资源匮乏，充分发掘现有体育资源为学校体育教学服务，是农村学校体育发展的唯一途径。

根据我国中小学体育教学现状，一般认为对课堂教学设计技能起决定性作用的要素为：分析课程标准和教材；编制教学目标；制订教学策略；编写教学方案。

（二）体育与健康课程标准及教材分析

1. 体育与健康课程标准分析

教育部组织编制的体育与健康课程标准中列出了如下课程任务：增进身体健康、提高心理健康水平、增强社会适应能力、获得体育与健康知识和技能。

（1）增进身体健康

提高对体育运动的认识，掌握有效体育锻炼的方法和技巧，培养自主运动的意识和行为习惯。

（2）提高心理健康水平

通过这个课程，学生将在和谐、平等、友爱的运动环境中感受到集体的温暖和情感的愉悦；提高在挫折和克服困难的过程中抵制沮丧和情绪调节的能力。培养坚强的意志品质；在不断体验进步或成功的过程中，增强自尊心和自信心，培养创新精神和创新能力，对生活形成积极、乐观和开朗的态度。

（3）增强社会适应能力

通过本课程的学习，学生将了解个人健康与群体健康的密切关系，树立对自我、群体和社会的责任感；形成现代社会必要的合作与竞争意识，学会尊重和关心他人，培养良好的体育道德和集体主义、社会主义、爱国主义精神；学习掌握现代社会中体育与健康知识的方法。

（4）获得体育与健康知识和技能

通过本课程，学生掌握体育运动和运动技能的基本知识，学习运动的基本方法，形成终身的意识和习惯；学生可以根据自己的兴趣和不同的需求，选择个人喜好的方法参加体育活动，挖掘运动的潜力，改善运动欣赏能力，形成可持续的休闲生活方式；学生能够获得在野外环境中的基本生存技能，提高运动的安全性。

2. 贯彻执行课程标准的要求

（1）正确认识功能，明确目的和任务；

（2）统一性和灵活性结合；

（3）正确处理教与学的关系；

（4）全面安排；

（5）加强教改，提高质量；

（6）改善条件。

要正确认识体育的功能，明确体育与健康教学的目的和任务。除了和强身健体相联系，还要与德智体美统一起来，培育社会主义接班人。

统一性和灵活性结合。由于我国各地区和学校的条件以及教育教学改革发展的不平衡，尤其是城乡差距大，大纲中的某些具体规定，特别是教学内容可能未得到充分实施，为此加大了教学内容的灵活性和选择性。要着眼于指导思想、目标体系和基本内容的统一性上，改变以往单一枯燥的教学大纲教学内容规定，使各地、各校从实际出发，有更大的适应性和灵活性。

以学生为主体，正确处理好教与学的关系。学生是主体，建立体育和健康教学内容，不仅要考虑教学生什么，要求学生达到什么样的标准，还要从学生达到自己的发展需要，注意学生的情感体验，反映学生的主动性、热情和创造力。在教学中要发挥学生的主体性，不是要减少教师的作用，不是老师可以不管，而是对老师的要求更高一些。正确研究学生、教师、教材、教学要求、教学方法之间的关系，特别是加强教学方法研究，提高学生的兴趣，主动性和积极性，这样才是体育教学质量提升的关键。

综合安排学校体育及体育与健康课教学。体育教学要面向所有的学生，按照教学大纲计划，对学生进行基础知识和基本技能的传授，提高学生身体素质，完成体育学科的教学任务。除了良好的体育教育外，还要做好早操、课间操，积极开展课外活动。对成绩优异的体育特长生，我们更要认真组织他们进行课后训练，发挥他们的优势，提高体育技术水平。

（三）小学体育"健康教育"专题教学研究

世界卫生组织提出"健康不仅是指身体没有疾病，而且是身体上、心理上和社会上的完好状态。"由此可见，健康包含身心两个方面，过去那种忽视心理健康的体育教学观念是不对的。未来人才不仅要有健康的身体，还要有健康的心理和健全的人格。中共中央国务院《关于深化教育改革　全面推进素质教育的决定》指出："健康的体魄是青少年为祖国和人民服务的基本前提，是中华民族旺盛生命力的体现，学校教育要树立健康第一的指导思想。"

1. 学校健康教育的目的

学校健康教育是以学生为中心，有针对性、有计划、有组织地开展教育活动，旨在帮助和鼓励少年儿童建立健康的教育愿望，传播一定的健康知识，培育健康的生活方式，从而提高学习与生活的质量。

（1）增进与保持学生的健康，使他们获得丰富的活力，在学校、家庭和社会的学习与生活中享受幸福。

（2）预防非正常死亡、疾病和残疾的发生。

（3）改善学生的人际关系，保持学生心理健康，为建立富强的国家和提高国民的整体素质打下坚实的基础。

2. 学校健康教育的内容

学校健康教育是以学生为对象，以思想、意识、行为健康为中心的教育内容，以学生掌握身体成长和发展知识，了解健康发展过程中心理发育特点和健康生活知识为目的的教育过程。主要是通过学校体育过程和课堂内外的各种教学活动、课外练习、体育比赛，有针对性、有计划、有组织地培养学生各种各样的有利于自己、社会和全民健康的行为和习惯，提高卫生保健知识水平，自觉地改造及保护环境，增强体质，促进身心正常发育，从而为终身健康奠定良好的基础。

主要内容是：①使学生掌握基本的生理卫生知识，包括人体生理特征、青春期生长发育规律、预防疾病的措施、一般性伤害事故的急救与护理、性知识教育等；②使学生掌握基本的心理卫生知识，包括影响心理健康因素的分析、常见心理疾病的预防与纠正、面对挫折的心态调整与情绪控制等；③周围环境的保护和自我健康行为的养成，包括科学体育健身方法、良好行为及卫生习惯的养成、掌握运动卫生常识及营养科学常识等。

3. 体育中开展健康教育的必要性

（1）全面落实党的教育方针的需要。首先，推动素质教育不是新的领域。从本质上讲，以提高人民群众素质为教育目标，就是全面贯彻党的素质教育和思想政治教育的总体方针。我们现在强调的是全面推进素质教育，这是受过去"为应试而教、为应试而学"倾向的影响，从而导致素质教育的全面实施和高素质创新人才的培养。其次，在过去，我们了解"体育"在"德育、智育、体育几方面都得到发展"中的内涵，由于"生物医学模式"健康观的影响，我们认为自己只是进行体育活动，组织学生参加身体锻炼，提高学生的身体素质，没有把这个"体育"从"生物—心理—社会医学模式"观念中去理解其意义是对学生进行体育教育的内涵，而且我们也提倡素质教育的"本钱"素质——身心健康素质。

（2）中华民族健康质量与水平的基础工作。我国国民身体素质和世界先进国家的水平相比差距很大，远远不能适应当今快速发展的现代社会对现代人身心健康的要求。在整个世界卫生教育发展历史上，都是从学校，特别是小学，然后到社会的。在我国，中小学生占总人口四分之一以上，他们正处在成长和学习的基础阶段，是接受和掌握健康知识、发展良好心理素质与文明生活方式的关键时机，特别是今天，健康教育的质量直接影响明天社会成员素质的提高。所以要做好小学生的健康教育。

（3）小学生身心健康需要增长。小学生在很长一段时间内，知识、身心的健康增长对他们至关重要。学校健康教育的最大特点之一就是卫生知识和良好行为习惯形成的有机结合，学生在接受健康教育的过程中，不仅要掌握越来越多的医护知识，而且通过他们自主参与的经验，用获得的知识回应和指导行为，可以有效控制常见疾病的发生、自我调节心理平衡和自我约束不良习惯，从而增强身心健康。特别要指出的是，小学的健康教育有利于心理健康。由于小学生的神经功能发生了巨大飞跃，他们在学校这个具体的社会时空环境中，通过人文营养学习，获取社会规范知识来满足社会需求。

如果我们做好健康教育工作，不仅要教授心理健康知识，还要对学生进行多样化的健康教育，让学生在有针对性、系统性的教育活动中，丰富身心健康知识，拓宽他们的视野，获得适应心理活动的能力。同时，在小学开展健康教育，也帮助学生提高个性。因为在初级阶段时学生的大脑功能尚未成熟，人格发展初步形成，可塑性好，学校健康教育是以一种良好的行为和个人自我照顾能力培养为重点，要求学生讲卫生、守秩序、改变不利于健康的行为习惯，建立自信，通过学生的自我努力，克服不健康行为，从而逐步形成良好的行为习惯和维护公共卫生秩序的道德价值观。可以看出，在小学教育中加强健康教育，是促使广大小学生健康成长的需要。

4. 开展健康教育的途径

（1）各级领导和广大教师应从中华民族伟大复兴战略深刻理解"学校要树立健康教育的指导思想"的重要性，将其置于全校教育的立场上，不能把它视为学校卫生室的工作，也不能算作是校医或保健教师个人的事情。学校必须把它纳入学校整体工作计划，纳入工作日程，发展和完善学生制度，遏制不良健康行为，加大检查监督力度，从根本上改变当前农村学校健康教育的薄弱环节，认真做好这项工作。

（2）坚持健康教育课程为主，辅以其他学科的教学形式，进行全面的学校健康教育。班级老师要严格按照教材内容，制定教学计划，做好备课，及时校正学生的作业，认真写好期末对学生的书面意见。课堂教学不仅取决于知识的教学，而且还取决于课堂讲座和课外实践，还要进行各种课外活动。如班会、广播、黑板报纸、宣传栏、体育比赛、文化表演等。所有学科的教师应以各种教科书的特点为依托，针对课堂教学渗透健康教育内容，激发学生学习兴趣，全面推动学生健康行为的健康发展。

（3）建立与健康教育相适应的师资队伍是实施健康教育的关键。根据教师现状，重点应该是提高教师水平和职业道德水平。校医或保健教师是学校健康教育不可忽视的力量。他们熟悉卫生保健专业知识，但他们在教学规则、教学方法和教学经验方面还有一些缺乏，需要加强基础技能和能力的培训。建议各级主管部门要认真研究制订培训方案，明确各级培训责任。学校可以根据不同的实际情况，采取不同方式来解决健康教育师资，为他们提供进一步学习的机会。

（4）学生身体健康是学校健康教育质量的重要指标。在校生的一切行为对学生发展和国家培养合格人才具有重要意义。因此，学校在教学计划中要保证健康教育时间，从根本上确立每周0.5课时的健康时间，任何教师不得以任何理由侵占该时间，使健康教育真正落到实处。否则，健康教育的实施只能是一句空话。

（5）学校要建立健全学生健康档案，定期有组织、有计划地采取群防群治的手段，对学生进行各种常见病、多发病、传染病的疫苗接种工作，提高学生人群免疫能力，努力降低学生各种疾病的发病率。每学年对学生进行一次全面的身体健康检查，建立学生健康卡，录入学生健康档案。

（6）增加学校卫生工作的投入，积极改善学校条件。大多数农村中小学健康状况还有很多问题不能得到良好改善。如卫生室的建设，教室采光、垃圾箱、痰盂的设置、师生的饮水，眼保健操、厕所粪便的处理等，在很大程度上阻碍了健康教育工作的进程。学校要充分调动社会各方面力量，多渠道融资学校发展资金，配备健康器材和常用药物，提高学校教学环境与卫生条件，为学生提供良好的学习生活环境。

（7）重视游戏教学。桑塔耶说，游戏和艺术都是人们愉快、活力和自由的源泉，游戏的功能是增强体魄，开发心智，促进交流，带来欢乐，儿童可以在游戏中最先懂得规则，学会扮演角色，履行职责。在游戏中初识集体概念，合作交流。权利义务，体验胜利和挫折感，可以激发孩子们的主动性，必须适应规则，想要修改规则你必须强大。在与同学玩耍中，他们会获得情感、心理的发育和成熟。教师根据学生心理的特点，设置游戏教学。如《大网鱼》《打猎》可以培养他们的灵敏性、责任感；《抢救伤员》则可以发展他们的机智、协作、谦虚及前进的勇气。

（8）建立适合儿童心理特征的体育评价方法。以学生的学习态度和教学过程的表现为中心，将过去重视技术评估方法转变为学生体育兴趣和学习的主动性，以热情为重点，同时紧跟学生学习进度。

另外修改以运动能力为主的考核内容，只列出绝大多数同学努力就能达到的最低标准，测试结果作为学生体质评价的参考资料。增加集体项目在测试中的比重，实施大单元教学，答合学生运动心理特点，发展他们对文化的认识及自主锻炼的能力，教师通过积极的评价，鼓励他们投入到体育运动中去。

（四）高中体育"健康教育"专题教学研究

世界卫生组织（WHO）关于健康的诠释指出，所谓健康，就是在身体上、精神上、社会适应上完全处于良好的状态，而不是单纯地指疾病或病弱。换句话说，健康的整体概念是由生理健康、心理健康、道德健康三方面共同构成，健康不仅涉及

人的生理、心理，还涉及社会道德。

生理健康是指人体可以抵抗一般感冒和感染性疾病，体重适中，体形匀称，眼睛明亮，头发有光泽，肌肉皮肤弹力好，睡眠良好等。生理健康是人们正常生活和工作的基本保障，不能达到这一点，就不用说健康，更不用说长寿了。心理健康是指人的精神状态、情感意识、情绪稳定、意志强弱、行为协调、精力充沛、适应能力强，适应环境、日常生活和工作压力的良好状态，经常保持大量精力，愿意承担责任，人际协调，心理年龄和生理年龄一致，可以面对未来。心理健康同生理健康同样重要。据医学家介绍，良好的心态能促进人体分泌出更多有益的激素，可以增强人体对疾病的抵抗力，促进人体健康长寿。

健康教育的内容应该突出体育与健康课的特点，选择身体健康、心理健康相关的体育运动方式以及体育文化作为教学内容，并注意与其他人沟通交流，避免知识的重复教学。健康知识的教学应与体育与健康课程实践内容的特点紧密相联，不能把健康知识变成纯理论教学。

健康教育课题可以和其他运动项目的模块教学结合起来。健康教育作为学生学习的专门模块，实际上是让学生学习一些健康知识和方法，在实践中体验。课堂知识和课堂结合的具体内容，即健康教育是室内理论课与实践课的结合，课堂活动与课外活动有机结合的实践，以此渗透健康知识。

总之，我们体育教师在教学过程中要突出"健康第一"的指导思想，本着体育活动健康为本的原则，促进学生健康成长。

健康教育专题的教学目标：通过教学，使学生了解体育运动的基础知识和健康教育的基础，理解体育锻炼的意义与价值，掌握科学锻炼身体的基本方法，并运用所学知识指导体育锻炼和进行自我监控，提高文化素养，为自觉、科学地进行体育锻炼提供理论支持。

教师可根据教学实际，并根据学时的安排或选择专题讲授、通过实践课渗透知识，也可以组织学生参观、讨论、观看录像、多媒体等方式进行。

1. 教师本人也应该自觉参与体育锻炼

对自觉参与体育锻炼有正确认识，树立自觉意识。

（1）具有自觉参与体育锻炼的意识；

（2）遵守课堂常规，自觉积极地上好体育课；

（3）有意识地根据自己的健康状况，制订锻炼计划；

（4）坚持体育锻炼，并能与同伴一起锻炼；

（5）主动地学习科学的锻炼方法；

（6）积极地参加课外、校外、节假日的体育活动；

（7）具有较强的责任感，在体育活动中能与他人合作。

2. 自觉参与体育锻炼的教法策略

建立以学生为中心的观念，充分发挥学生的主体作用，引导学生学习，用体育魅力吸引学生，激发学生学习的兴趣，让学生感受到体育的乐趣，体验成功和体育对个人成长的作用。

（1）引导学生根据自己的能力设定学习和练习目标；

（2）允许学生对所学的锻炼方法有所质疑和选择，从而参与到学练过程中；

（3）鼓励学生利用学校以外的资源，或学习学校中没有开展的运动项目来锻炼身体；

（4）引导学生自主规划和调控学习的进程，不断获得成功的体验；

（5）组织学生对自己和同学的学练效果进行评价，包括设计评价方案和指标；

（6）要求学生对自己学练的情况进行反思。

3. 自觉参与体育锻炼评价

（1）学习态度

能否主动地参与体育活动？

能否运用所学知识和技能参与体育锻炼？

能否积极主动地思考，为达到目标而反复练习？

能否积极投入到健康教育活动中？

（2）表现：战胜困难、坚持锻炼

（3）评价手段和形式

①手段

定量评价（出勤次数）。

定性评价（教科书中提供的自觉锻炼要素表）。

a. 具有自觉参与体育锻炼的意识；

b. 遵守课堂常规，自觉、积极地上好体育课；

c. 有意识地根据自己的健康状况，制订锻炼计划；

d. 坚持体育锻炼，并能与同伴一起锻炼；

e. 主动地学习科学的锻炼方法；

f. 积极地参加课外、校外、节假日的体育活动；

g. 有较强的责任感，在体育活动中与他人合作。

②形式

自我评价（利用教科书提供的自我评价表）。

同学互评。

教师评价。

a. 鼓励个性学习：对经常锻炼并且选择适合自己特点的运动项目坚持锻炼的同学，要给予鼓励和肯定；

b. 对体育锻炼中积极参与起带头作用的体育骨干应当鼓励和肯定。

4. 全面发展体能与科学锻炼

（1）发展体能的内容与方法：如科学锻炼，提高体能。例如：如何提高心肺功能，如何发展肌肉力量和耐力、爆发力，如何提高柔韧性，如何控制体重等。

（2）制订个人体能发展计划：根据科学的锻炼原则制订个人体能发展计划。

（3）全面发展体能与科学锻炼教法策略：不仅要教会学生体育锻炼的方法和手段，还要教会学生体育锻炼的科学道理。

（4）教师可以通过提出问题，引发学生的学习兴趣，让学生去思考、讨论、总结。让学生分析自己的体能情况并得出结论。

（5）全面发展体能与科学锻炼的评价

可结合学生体质健康标准量表进行评分，也可以根据同学的体能发展情况进行评价（自己跟自己比是否进步了），还可以针对重点知识进行提问，评价学生掌握的情况。

5. 促进身体健康

（1）生活方式对健康的影响

①健康的基石：a. 合理膳食；b. 适量运动；c. 戒烟限酒；d. 心理平衡。

②如何形成健康的生活方式：现在的生活方式是否健康？可自评、互评。

③教法策略：结合教材内容进行思想品德教育，培养正确的健康观；讲解要系

统，并及时将国内外最新研究成果介绍给学生；运用现代化教学手段教学，幻灯、录像、多媒体、网络等。

（2）营养与运动

体育锻炼饮食原则：高纤维、低脂肪、少食多餐和营养套餐。

教法策略：

①介绍营养知识，引导学生树立正确的营养观，不要挑食、偏食、过多地吃零食，注意营养的合理搭配。

②结合学过的物理和化学知识，让学生计算自己一天的活动总量，消耗多少热量？应该补充什么食物？

（3）环境对健康的影响：引入环保话题，如何环保？从自身做起，低碳生活等。

大气污染对健康的影响：大气污染的危害、水污染的危害、土壤污染的危害、噪音对健康的影响、社会环境对人体健康的影响；选择适宜的锻炼环境：热环境中如何锻炼、冷环境中如何锻炼、体育锻炼与空气污染（选择环境）。

教法策略：

联系实际讲解，渗透环保意识和低碳意识，不仅自己要自觉，还要与身边的同学共同维护好环境，养成低碳（低排放、低消耗、低污染）的生活方式和习惯。

（4）我国传统养生理论与方法

重点是要让学生知道，整体观是传统养生思想的基础，人的各个系统、器官是有机联系的，各脏腑之间相互依赖，共同维护机体内环境的统一性和稳定性。

让学生了解我国传统的养生方法，例如气功养生、太极拳养生、导引术、按摩保健等。

结合当今有些媒体错误的养生引导，学会正确地分辨科学的养生知识对人体健康的重要性，错误的养生观念会给身体带来危害。

6. 促进心理健康

（1）体育学习目标的设置

目标设置。要给自己制订符合自身情况的目标，有效增进自己的自信心。

（2）体育与自尊自信的培养

在体育活动中展示自尊自信：班级和校内比赛、游戏、示范、课外活动等。

（3）体育与情绪的调节

情绪与健康：情绪与躯体健康关系密切，情绪健康的人有助于躯体的健康。

情绪健康的人的特点：

①能理解和适应现实，以积极的态度面对现实；

②能适应合理的改革要求；

③能对人身自由有合理的要求；

④能妥善处理各种压力；

⑤能关心他人；

⑥能爱自己，也爱别人；

⑦能完成大量工作。

合理控制情绪：不能改变现状就要调整心态，使自己乐观、豁达、冷静、宽容。

（4）体育与意志品质的培养

①良好意志品质的培养（可通过实践课渗透、耐久跑、体操模块等）。

②竞赛法（对抗、竞争）。

③条件限制法（提高难度、限制时间、质量、变换对手等）。

④疲劳负荷法（施加心理、生理负荷，要求学生在疲劳的状态下完成动作，并且要保持动作的稳定性和准确性），培养坚韧顽强的意志品质。

⑤自我强化法（自我鼓励，自我鞭策，自我监督，克服困难，完成任务），在极点中坚持，动作失败后"再试一次"等。

（5）保持性心理健康

①高中生性心理特征。

②正常进行异性交往。

③抵御性侵犯。

7. 培养社会适应能力

（1）体育活动中的人际交往

体育活动中人际交往的形式和特点：一种形式是语言，通过语言进行同伴之间的沟通与交流，"传球""射门""快""稳住"等；另一种形式是肢体语言，如"眼神""手势""表情"等。

怎样在体育活动和比赛中提高人际交往能力：同伴间相互了解、配合默契；相互理解尊重，为同伴创造机会，出现失误不埋怨；提高团队意识，和谐相处。

教法策略：结合实例讲解，明确人际交往及与人合作在现实生活中的重要性。

创设问题情境，让学生思考，在讨论中得出正确结论。

（2）体育活动中的权利和义务

①正确认识个人参与体育活动的权利和义务，认识与社会责任和中华民族健康的关系。

②怎样履行自己参与体育活动的权利和义务：树立终身体育意识，积极认真地参加校内外的体育活动。

教法策略：结合体育法规（《中华人民共和国体育法》《全面健身计划纲要》《国家学生体质健康标准》），结合学生实际讲解，多举实例，或让学生在不同体育环境中体验（体育课、课外活动、社区体育活动）。

（3）体育道德

树立正确的体育道德观，加强自身的道德修养，形成良好的体育道德习惯。

教法策略：

①利用体育比赛录像中的实例分析，双方的行为是否道德？为什么？

②结合体育课、课外体育活动和校内的比赛实际例子，让学生展开讨论，哪些行为是不道德的，为什么？

③在教学中有意识地培养学生的体育道德，结合比赛进行实践。

二、中学体育基础设施及运动场地建设情况

（一）西安市中小学体育场地设施建设现状调查

有学者对西安市2700所直属中小学进行了体育场地设施现状的调查，结果表明，没有一所学校运动场地达标，不少学校场地还惨遭"蚕食"，直接影响体育活动的开展，学生体质下降。在场地严重不足的情况下，迫使许多学校想方设法积极开展体育活动，但效果并不理想。因此，西安市应大力推进学校体育基础设施建

设，改善办学条件，在城市学校比较集中的地方逐步建立中小学体育活动中心；社会体育场馆应该安排一定的时间免费向学生开放。①

此次调查距离国家于1987年颁布的《中小学校建筑设计规范》过去近30年。学者们带着"中小学校体育场地设施的状况如何"的问题对西安市50余所中小学校和30余名专家、学者、领导以及10多个公共体育场馆进行问卷调查和个人访谈。目的就是为了对西安市目前中小学校体育场地设施现状进行全面调查和实证描述，对存在问题进行分析并提出发展对策

1. 研究方法

调查主要采用文献资料法、问卷调查法和个人访谈法，其中，向专家、领导、学者、中小学校、公共体育场馆发出100份问卷，回收率为87%，全部为有效问卷，效度与信度均符合检验要求。

2. 结果分析

经过调查，学者们得出两个结论：一是国家对中小学生人均体育活动面积有明确规定；二是调查中发现部分中小学校体育场地惨遭"蚕食"。虽然国家明确规定：运动场地应能容纳全校学生同时做课间操之用。小学每学生不宜小于2.3平方米，中学每学生不宜小于3.3平方米。学校田径运动场地，中学生人数在900人以下时，宜采用250米环形跑道；学生人数在1200～1500人时，宜采用300米环形跑道。位于市中心区的中小学校，因用地特别困难，跑道的设置可适当减少，但小学不少于一组60米直跑道；中学不应小于一组100米直跑道。②但为了在昂贵的土地租金背景下，解决职工住房紧张难题，学校体育场地不断被蚕食。例如，调查中发现，2002年10月，西安市某单位经过市教育局和城建局批准，在厂职校体育场西侧画出了一片地方盖住宅楼，圈去了大半个操场。2003年3月，西安市霸桥新合镇某村干部在学校操场上砌墙建民房，操场上原有的篮球场地、乒乓球台等体育设施被画到建筑线内，致使学生开学两周无法上体育课，严重影响了学校正常上课。

群众对商业利益蚕食学校操场多怨声载道，呼吁有关部门及时采取措施，维护儿童的合法权益。国家规定，新建小区必须规划相应的体育配套设施，但一些房地

---

① 李厚林. 西安市中小学体育场地设施建设现状调查. 新西部，2010年第14期.
② 中小学校建筑设计规范. 1987年10月1日颁布.

产商唯利是图，任意侵占教育用地，使许多中小学校体育场地直接被扼杀在摇篮中。

3. 造成学校体育场面积日益减少的原因

根据研究，总结得出以下两个学校体育场面积日益减少的原因。

（1）历史的形成和学校扩招导致的客观原因。绝大多数西安市的中小学创建于20世纪五六十年代，随着城市的发展，人口密度不断增加，学校逐渐被城市包围。寸土寸金的当下，学校体育设施面积无法扩大，更无法满足不断增加的学生量，也就是说，每个学生的平均运动面积正逐年下降。此外，这种现象难以改变与学校对体育课不重视也不无相关。许多学校的领导还有学生家长把体育课视为无关紧要的副科，只关心升学率，而体育老师在这种忽视下，对于课程考核也是睁一只眼闭一只眼，让学生糊弄过关，在无人顾及、关心学生体育活动的情况下，学生人均运动面积日益减少的问题自然也就无人重视了。

（2）认识不足和资金不到位是主观原因。上述也谈到了学校领导和学生家长对学生的体育教育工作不够重视，使体育教育成为学校教育中最为薄弱的环节，成为可有可无的教育工作。此外，学校经费投入缺乏稳定的资金来源，而已有的资金在校内也分配不均，现有的体育场地和器械配置根本无法满足体育教育工作的开展和提升。

4. 场地不达标直接影响学校体育活动的开展和学生体质的下降

教学任务不仅完不成，安全也无法保证。学校面积不达标，学生跑步你拥我挤，做广播体操，连胳膊腿都伸不开。甚至有学校取消公共体育活动，仅存的体育教育培养也只是面向体育特长生。

调查显示，缺乏体育活动是导致学生身体素质下降的原因之一。据几次全国学生体质健康调查结果表明，我国学生的耐力素质和柔韧素质不断下降，肥胖儿童和超体重儿童比例不断增加，学生近视率居高不下。不仅身体素质下降，心理品质上也存在明显弱点，抗压能力弱，自我意识过强。身体虚弱，心理素质差，这些紧靠药物补充维生素钙的祖国花朵，显然无法担负民族复兴的伟大重任。

5. 在场地严重不足的情况下，许多学校想方设法积极开展体育活动，增强学生体质

学校体育场地严重不足的问题决不是一日就可改变。扩大场地困难重重，如何利用现有的场地创造性体育教学，才是应当亟须思考的问题。调查中发现，还是有

许多学校在思考增加学生运动量，尽量避免因运动场地问题而导致学生身体素质下降。

6. 结论与建议

调查中的学校没有一所运动场地达标，学校体育场地的减少已经影响体育教学的开展和学生身体素质的提升。因此，学者建议大力推进学校体育基础设施建设，改善办学条件。新建学校的体育设施必须严格按照国家标准进行建设，在城市学校比较集中的地方逐步建立中小学体育活动中心，社会体育场馆应该安排一定的时间免费向学生开放。[①]

（二）如何解决条件落后的农村中学体育师资、场地设施、器材等资源不足的问题

如何解决条件落后的农村中学体育师资、场地、器材等短缺问题，是这次体育教学改革所面临的棘手问题，如何正确面对并有效解决也是我们体育教师最为关心的话题。

1. 针对体育师资不足的情况

体育教师师资条件不足存在两个方面：一是体育教师人数少，班级学生多；二是体育教师专业技能无法满足学生的多样化、个性化需求。

针对第一种情况的利用与开发途径有：

（1）在学校其他学科的任课老师中聘请有一定体育项目特长的老师担任选项课教师；

（2）在社会聘请有体育特长并有一定教学经验的人员担任选项课教师；

（3）与体育部门联合办体育特色班，教体结合，让教练担任选项课教师；

（4）学校或学区之间互换体育教师。

针对第二种情况的利用与开发途径有：

（1）体育教师加强自身运动技能的锻炼或自学相关运动项目，提高自身的运动技能水平；

（2）鼓励体育组的教师主次兼项；

---

① 李厚林. 西安市中小学体育场地设施建设现状调查. 新西部，2010年第14期.

（3）由上级部门加强体育教师专项技能培训。

简而言之，体育教师资源在体育课程资源中占据核心位置，在利用与开发中起着主导作用。因为在促进教育工作的过程中，教师最能了解学生的知识、能力、兴趣等，并能根据学生的需要来设计教育活动。通常，学生最有可能认可和接受那些由教师制定的课程安排。教师的这一角色是无法取代的，因此，教师应该从"教书匠"到课堂研究者、开发者角色积极转变，实践自己的"实践反思"。

2. 针对体育场地设施资源不足情况

针对体育场地设施资源不足的现象，可以从以下三个途径利用与开发。

（1）充分合理地利用现有体育场地。如开发一场多用、一场多门、一墙多用。

（2）改造体育场地设施。如篮球场上的多门足球。

（3）改造适合学生开展适应体育场地的运动项目。

3. 针对体育器材资源的不足情况

体育器材资源的不足问题虽然令人头疼，但是生活中有许多东西可以让我们去创造、利用和开发。

（1）一物多用。如实心球可以用来投掷，也可以用作障碍物、标志物，还可以用来打保龄球；跳绳可以用作绳操、跳移动绳、跳蛇绳、二人三足跑、三人角力、拔河等；接力棒可以用作接力跑，也可用作体操轻器械、哑铃操等；栏架可以用来跨栏，也可以用作穿越的障碍等；橡皮筋可以用来替代栏竿、跳高横杆等；标枪可以用作标志物，也可以用作跳跃障碍物、绕竿蛇形跑等；手榴弹可以用来打保龄球，也可以用来做接力跑的器械等；体操棒和足球或排球可以用来做"赶球进圈"的游戏等；鞍马、跳箱、山羊等体操器械可以作障碍物使用。[①]

（2）废物利用。利用和开发一些生活中，诸如编织袋、废旧球、塑料瓶、旧报纸、竹竿、废弃轮胎等废旧物品。

（3）学生参与开发。让学生开动脑筋，自给自足，靠自己动手动脑制作一些诸如沙袋、毽子、体操轻器械等简单易携的体育器械等。

总之，由于不同的学校有不同的课程资源匮乏问题，所以课程资源的利用和发展不能强制和一刀切，而应从实际出发，因地制宜，强化学校特色，区分学科特

---

① 刘柯. 浅谈对体育教学资源的开发与利用. 体育时空，2016年第9期.

性，展示教师风格，扬长避短，开展具有自身特色的体育教育改革。

三、中学生锻炼态度的地域差异

（一）中学生体育锻炼情况调查报告——环翠国际中学

结合时局需要，有学者对中学生体育锻炼的现状、认识与目的、中学生喜欢的体育项目以及体育中考导向等一系列问题，在环翠国际中学进行了一次调查。调查采用问卷形式，抽样调查，共发出调查问卷50份，收回有效问卷48份。[①]

1. 体育锻炼的现状

通过调查，43.8%的中学生喜欢体育锻炼，39.6%的学生每天都参加体育锻炼，经常参加体育锻炼的人数高达68.75%。可见，学生对体育锻炼的态度总体上是积极的，大多数学生愿意并希望能参加体育活动。

（1）大多数学生喜欢体育锻炼

喜欢	一般	不喜欢	无所谓喜不喜欢
43.8%	39.6%	12.5%	4.2%

（2）参加频率较高

选项	每天都有	经常却无规律	偶尔会有	从来都不
百分数	39.6%	29.2%	25%	6.3%

那么，一般中学生参加体育锻炼的时间有多少呢？

2. 体育锻炼的时间

（1）中学生一天的体育锻炼时间

有64.6%的中学生一天的体育锻炼时间能达到1小时以上，这显然达到了"保证学生每天1小时体育活动时间"的要求，对于处在身体成长关键时期的中学生来

---

① 蒋鹏宇. 中学生体育锻炼情况调查报告——环翠国际中学. 环翠国际中学科技小论文.

说有益而无害。当然，我们也需要警惕，还有10.4%的学生基本没有参加锻炼。

选项	2小时及以上	1小时左右	二三十分钟	基本没有
百分数	27.1%	37.5%	25%	10.4%

（2）中学生对于学校体育锻炼时间的看法

选项	够多了	可以，希望再多	太少了	为了学习，应该少点儿
百分数	31.25%	45.8%	18.75%	4.2%

除了假期，中学生一天的大部分时间在学校度过，在学校里的体育锻炼时间能够满足学生的要求吗？

上表给出了答案。近八成的中学生认为学校体育锻炼时间能够满足要求，当然，认为"太少"和"希望再多"的学生也不在少数。

3. 对体育锻炼的认识

经过学校和社会的反复教育和宣传，现在中学生能够积极参与体育锻炼，认识清晰明确，下表充分说明了这一点。

选项	用处很多	一般	可有可无	浪费时间
百分数	75%	14.6%	0%	10.4%

针对中学生积极参与体育锻炼的目的，"增强体质"占据榜首，"为了中考获得高分""德智体全面发展""利于生长发育""减肥"分列二到五位。

总体来看，中学生参加体育锻炼的目的还较为端正，前五位中有三位是对自身健康成长的关注，至少可以看到中学生进行体育锻炼的基本出发点是好的。

当然，"为了中考"占据第二位，可见中考政策的影响还是极大的。

中学生参与的体育锻炼项目很多，这些运动需要花多少钱呢？中学生尚未经济独立，近六成的中学生年花费在500元以下，这是让我们感到欣慰也是值得提倡的。

中学生体育锻炼一年的花费

选项	500元及以上	200～500元	0～200元	不花钱
百分数	37.5%	16.7%	31.25%	14.6%

4. 对体育考试的认识

（1）对中考分数提高的认识。在调查问卷中，我们设计了"2011年威海中考分数由30分提高到多少分，你知道吗？"这样一道题，答案如下：

选项	60分	70分	100分
百分数	2.1%	91.7%	6.25%

这道题的准确率高达91.6%，也能反映出中学生对中考政策的关注以及对中考的重视。

（2）分数提高后的行动

中学生既然对体育中考提高分数非常重视，但具体行动落实的怎么样？

三分之二的中学生选择"找更多的时间锻炼"，当然也存在"无所谓"的学生。但至少可以看出中考体育提分政策能够影响中学生的体育锻炼行动，但影响是有限的。

（3）体育进入高考

这次问卷把2012年体育进入山东高考也拿出来调查一下，看一下中学生对国家体育考试大政策的了解程度。

调查显示，恰好75%的中学生了解了这个政策，应该对目前中学生参加体育锻炼也是一个积极的促进因素。

选项	知道	不知道
百分数	75%	25%

结论：

本次对中学生体育锻炼情况进行的调查显示出以下几个显著特点。

①大多数中学生喜欢并会积极主动参加体育锻炼。

②中学生参加体育锻炼的出发点是正确的，他们希望通过体育锻炼提高身体素质，健康成长。

③三分之二的中学生达到了"保证学生每天1小时体育活动时间"的基本要求，并且大多数学生对学校的体育锻炼时间感到满意。

④中学生在运动上的花费比较节俭，花最少的钱锻炼好身体。

⑤中考体育分数的提高，引起中学生对体育锻炼的重视，43.7%的被调查学生把"为了体育中考获得高分"作为锻炼的目的之一，而且绝大多数学生会落实到行动上。

⑥31%的被调查学生将减肥作为体育锻炼的目的，学校和家长应给予指导，帮助学生建立正确的审美观。

（三）对中学生体育锻炼动机的分析与研究

体育教学的改革发展，使人们越来越关注中学生参与体育锻炼的兴趣和动机。学生在体育锻炼中表现出来的体育动机具有复杂性和多样性。因此，如何了解学生的体育动机以培养中学生正确的体育锻炼动机是现在学校和体育教育者所面临的任务。

近年来，比较有代表性的研究有李伟提出的实施体育素质教育，对促进学生锻炼动机强度在深层次、多结构的良好变化发展方面具有显著性意义；[1]谢小龙、陈龙、姚花云、唐小梅、邓圆圆提出的激发学生体育动机，转变体育态度与体育行为，提高体育教学效果，推进高校体育教育改革，体育教师要做好重要的指导角色；[2]陈宁建提出的当代学生体育锻炼动机的多样性及存在着显著的性别差异。[3]

体育动机是指引起和维持学生参与体育学习和体育锻炼活动的内部心理动因。体育活动行为是学生内在动机激发的结果，它决定着学生体育学习和锻炼活动的倾向性、活动强度和坚持性。它对体育学习和锻炼行为起着定向、始动、调节、强化和维持的功能，对体育活动效果有着重要的影响。[4]

1. 体育动机

体育动机可分为内部动机和外部动机、直接动机和间接动机、生物性动机和社会性动机。

①内部动机和外部动机

根据学生参加体育活动的心理动因，可分为内部动机和外部动机。内部动机是

---

① 李伟. 体育素质教育对大学生锻炼动机强度变化的影响. 体育学刊，2002年9月.

② 谢小龙，陈龙，姚花云，唐小梅，邓圆圆. 当今大学生体育动机的调查研究. 邵阳师范高等专科学校学报，2001年第2期.

③ 陈宁建. 男女大学生体育锻炼动机的差异分析. 文教资料，2006年4月.

④ 孔俊跃. 激发内部体育动机 培养学生意志品质，科教文汇，2010年12月下旬刊.

指学生的内在体育动机，也就是说，学生完全根据自己的需要，愿意参与体育活动，例如希望从体育活动中获取身体和心理上的乐趣，满足好奇心等。外部动机是指学生受外界的激励或压力影响参加体育活动，例如想得到表扬和奖励。一般来说，学生的体育活动是由内部和外部的动机共同驱动的，但往往都是以一种动机为主，随着内容和环境的变化，动机会发生变化。

②直接动机和间接动机

根据学生参加体育活动的兴趣特征，可以分为直接动机和间接动机。前者是指基于直接兴趣，只想体育学习和运动的目标、内容、方法和组织形式；后者则基于间接兴趣，指向体育活动带给生理、心理和社会的间接结果。两者均可以引起学生的体育活动，如果体育活动组织得当，直接动机会对学生产生短期的积极影响；如果学生对体育活动的认识较为全面和深刻，那间接动机对学生产生长期的积极影响。

③生物性动机和社会性动机

根据学生参与体育运动的心理动机，运动活动是以生物需要为基础，或社会需求，基于体育动机可分为生物动机和社会动机。前者是指学生的动机是基于个人的生理需要，先天性动机；后者是基于社会需求获得动机，是后天得来的。社会动机的特点是坚持不懈、日复一日地学习，而生物动机所需时间较短，年龄越小，参与体育活动的生物动机就越明显。

所以，如何让中学生树立正确的体育锻炼动机是广大体育教师和学校所要面临的任务。

有研究者对某一地区中学进行了抽样调查，对学生课内外的体育动机以及体育锻炼中的性别差异分别进行了研究。结果发现近半数的学生具有明显的体育动机，且是积极向上的，但也存在一小部分学生的体育动机不正确，需要学校和老师及时发现与矫正。另外，体育动机具有显著的性别差异，在体育教学以及课余体育锻炼中，教师和学校尤其要注意这方面的差异性进行教学和改革。

2. 研究对象与方法

（1）研究对象

所在地区学校1000名左右男女生。

（2）研究方法

①文献资料法

根据研究目的、内容、参阅有关文献资料。

②问卷调查法

当面填答收回的方式，共发问卷1000份。

③统计法

对所有调查指标进行百分位统计。

④对比分析法

将男女学生之间的差异性进行对比分析。

3. 结果与分析

共发放问卷1000份，回收率100%，有效问卷967份。

（1）当代中学生参加体育学习（上体育课）而进行体育锻炼的心理动因的比较与分析

表1 中学生参加体育学习而进行体育锻炼的心理动因调查百分位统计表

内部动因	人数	百分率	外部动因	人数	百分率
提高身体素质	944	94.4%	社会的需要	640	64.0%
发展个性	500	50.0%	为了考试及格	432	43.2%
增强意志品质	488	48.8%	与他人交往	188	18.8%
对活动内容感兴趣	472	47.2%	为评优	144	14.4%
求知欲	328	32.8%	因考勤压力	120	12.0%
好奇、好动、好胜	252	25.2%	得到赞扬	56	6.8%

从表1比较来看，内部动因明显比外部动因占据多数。在内部动因中，94.4%的调查者是以提高身体素质为动因，好奇、好动、好胜的内部动因以占比25.2%排在末位。一半的受访者是为了发展个性。可见，受社会发展的影响，中学生更愿意寻找自我，在体育动机上也希望发展个性。也有近半数的学生对体育活动本身的内容感兴趣，这与增强意志品质因素占比相近。这就表示，体育活动的吸引力对中学生参加体育活动有着至关重要的影响。

外部动因和内部动因相比并不太明显，64%的受访者选择了社会的需要，当然也有43.2%的人是为了考试及格，这其实是一种学习压力，单纯为了考试成绩的被动参与体育活动，这也反映出我国长期以来应试教育的影响。

从整个表1我们可以看出，中学生的体育活动动机既有主动一面，也有被动一面，而且他们希望发展个性。因此，教师在体育教学中要创新教学内容，因人而异，引导学生形成正确的体育动机，减少或者避免因忽视学生需求而导致学生敷衍态度的出现。

（2）中学生参加课外体育锻炼的心理动因的比较与分析

表2　中学生参加课外体育锻炼的心理动因调查百分位统计表

内部动因	人数	百分率	外部动因	人数	百分率
增强体质	936	93.6%	提高体育成绩	496	49.6%
获得乐趣	580	78.0%	与他人交往	472	47.2%
增强意志品质	720	72.0%	生活习惯	352	35.2%
发展个性	492	49.2%	获体育特长证书	80	8.0%

从表2得知，中学生参加课外体育锻炼的内部动因明显高于外部动因，在内部动因中，最重要的是增强体质，其次是发展个性。但是，中学生参加课外体育锻炼的内部动因中兴趣所占比重高于增强意志品质。提高体育成绩在外部动因中占49.6%，排在第一，不排除是应试教育的影响。

（3）中学生参加校、班体育代表队训练与竞赛而进行体育锻炼的心理动因的比较与分析

表3　中学生参加校、班体育代表队训练与竞赛而进行体育锻炼的心理动因调查百分位统计表

内部动因	人数	百分率	外部动因	人数	百分率
兴趣、爱好	852	85.2%	集体荣誉	764	76.4%
增强竞争能力	664	66.4%	与他人交往、交流	500	50.0%
责任感、义务感	596	59.6%	受表扬、获好感	136	13.6%
好胜心	320	33.0%	获奖品、奖金	104	10.4%

从表3可见，校、班体育代表队训练与竞赛而进行体育锻炼的心理动因依旧是内部动因居多，其中兴趣、爱好居首。内部动因中还出现了责任感和义务感，这进一步说明，中学生愿意让自己成为一个有社会责任、对社会有用的人格健全的人。当然体育竞赛中也存在着竞争，中学生能够勇敢迎接比赛中的竞争，也是其实现自我价值的一个表现。

在外部动因中，集体荣誉占据了76.4%，成为首位。这说明，中学生的集体荣誉感非常强，这也是为何要代表校、班参加体育竞赛。集体是个人所不能替代的，采用课余集体体育锻炼的方法能够有效地促进中学生的心理健康，并且效果优于一般的体育锻炼形式。参加集体活动，不仅可以满足自身需要，也可以让自己在集体中快速成长。有13.6%的学生是为了受表扬、获好感，这体现了部分学生体育价值观的扭曲，没有认识到代表集体参加比赛意味着什么。因此，体育教师在教学过程中一定要多关注学生的心理，引导他们建立正确的体育动机，从而才能使他们持续参加体育锻炼。

（4）男女中学生进行体育锻炼的动机的比较与分析

表4　男女中学生进行体育锻炼的动机的调查百分位统计表

男学生	人数	百分率	女学生	人数	百分率
为了增强体质	880	88.0%	为了体形好看	960	96.0%
兴趣爱好	708	70.8%	为了体育愉悦和刺激	804	80.4%
人际交往的需要	568	56.8%	为了增强体质	612	61.2%
提高效率	480	48.0%	兴趣爱好	600	60.0%
提高睡眠质量	380	38.0%	减缓压力，消除紧张	416	41.55
塑造良好的形体	328	32.8%	为了提高柔韧性	412	41.2%
减缓压力，消除紧张	312	31.2%	提高睡眠质量	332	33.2%
宣泄情绪	120	24.0%	宣泄情绪	244	24.4%

从表4的数据分析可以得知，男女中学生进行体育锻炼的动机既有相似之处，也有不同之处。男学生主要是为了增强体质，占88.0%；而女学生最主要是为了体形好看。男学生的兴趣爱好、人际交往需求、提高效率、提高睡眠质量、塑造良好

形体、减缓压力、宣泄情绪分别位列二至七位，女同学的二至七位分别是为了体育愉悦和刺激，为了增强体质，兴趣爱好，减缓压力、消除紧张，提高柔韧性，提高睡眠质量，宣泄情绪。

在共同性上，男女中学生的社会动因都比较强烈，这是与他们本身的特殊角色相联系。

在差异性上，主要是源于生理角度。女中学生的直接动机（生理需要）和情绪动机（心理需要）比男生更加强烈。追求体育愉悦和刺激占据主导地位。另外一方面，女生的身体素质和运动能力偏低，生活学习紧张造成较大的压力，为缓解这种压力，对体育的渴望比男生更加强烈。而男生更多地偏重兴趣爱好，人际交往，提高效率，提高睡眠质量。这是因为他们相对女生而言，压力要小得多，并且希望通过体育活动引起异性的注意，以展现自己的力量和强大。

因为生理条件的差异，大多数女生参加体育锻炼的目的是为了体形和身材好看。所以，在实际的体育教学和活动中，应根据性别差异实施具体的方法。让每一个学生都能够积极参与到体育锻炼当中。

4. 结论与建议

（1）中学生进行体育锻炼的心理特征和影响体育锻炼动机的因素

a. 中学生学习体育的心理特征

中学生学习体育的心理特征是以树立正确的体育动机为根本，以建立终身体育意识为基础，这需要体育老师科学的体育教育才能形成。中学生学习体育的心理特征主要表现为：求知心理、健身心理、健美心理、增智心理、交际心理、聚众心理。以上心理特征又可分为两个层次：①求知心理、增智心理、交际心理、聚众心理，属直接心理需要，具有不稳定性的特点。②健身心理、健美心理、属间接心理需要，是高层次的体育动机，具有稳定性、持续性，是培养终身体育的最终目标。[①]

b. 影响学生体育锻炼动机的主要因素

动机有两个原因：一是内部条件，即物质需求和精神需要；二是外部条件：外部刺激，当外部条件保持不变时，一个人的内在需求是动机的根本原因。学生的内在体育动机是需要外部条件的激发。学生对运动的需求，包括社会需求和自然需

① 李巍巍. 高职高专学生体育学习动机探析. 现代商业工贸，2009年第24期.

求，为体育学习创造直接和间接动机，学习激发直接动机。受体育兴趣爱好的影响，体育成绩合格才能顺利完成学业，这种动机是具体的、强有力的，特别是中学阶段，学习的直接动机更为明显，但相对较短且不稳定，容易受到客观条件影响。学生对运动的间接动机和对健康的追求与健身意识密切相关。这种学习动机是积极的，并且具有更大的稳定性、耐久性，可以在很长时间内发挥作用，可以积极影响人的一生。直接学习动机和间接学习动机是互补的，都与学生密切相关，其中间接学习动机影响终身体育思想的形成。

因此，个人的内部体育活动需求结合外部刺激才产生体育动机；在产生动机之后，学生才有可能参加体育活动，只有动机结合具体的活动目标，动机才能促进行为活动来满足自己的需要。

据一些研究结果显示，中学生在体育运动中反映出动机水平的社会意识相当高。如为了增强身体素质，以确保学习。然而，从他们的实际活动中分析来看，这些动机在很大程度上不是支持他们行动的主要动机，而是在学习过程中被动接受的动机。由于高水平的动机在很大程度上不能与实际需要结合起来，不仅不能起到催化作用，而且会干扰参与体育活动的积极性。另外，当代中学生体育锻炼的动机也有显著的性别和年龄差异，身体状况不同，运动需求不同，身体锻炼和学习动机不一样。

（2）建议

①面对不同层次的学生，可以采用分层、分段、分目标的方法。分层：根据学生能力进行划分，创造一个能够体现他们价值的环境。分段：把一项体育活动分成几个阶段，根据学生能力的大小确定完成时间的长短，为他们创造成功价值的机会。分目标：一项体育任务，根据学生能力大小，确定完成的质量和次数，增强学生的自信心。

②在面对学生由于缺乏信心而导致体育活动动机的错误变化时，建立学生的自信是非常重要的。自信心源于能力、忍耐力、成功概率。在实施中，首先让学生做自我比较，和自己过去的能力相比较，再和身边能力相近的同学做比较，然后学习一些先进典型。最终引导学生建立正确评估自己的心理和方法，这样才能有效地树立学生的自信心，并促进其参与体育活动。

③为了解决学生的目标导向问题，应引导学生正确看待成败以及正确评估自己的能力。让学生有做低任务、高自我导向的动机。这有利于学生在体育活动中的积

极表现，以及连续性和运动效果。对学生的炫耀心理和逃避心理，应及时做出正确引导，诲人不倦，引导他们正确看待成败以及评估自己的能力。长期下来，学生将自觉认识体育运动的价值和意义，从而形成正确的体育动机。

④在解决学生成败归因时，首先要深入了解学生产生消极态度的原因并实施一些有针对性的科学解决方法。如怕失败，可以采取分解动作，降低难度的方法，使学生只要努力就能获得成功。

⑤教师在课堂上可以通过身体语言和鼓励性语言让学生产生参与体育锻炼的愉悦心情，营造一种轻松和谐的学习氛围，把学生作为课堂上的主体。尤其要注意能力差的学生，虽然他们技能水平相对较低，缺乏自信并有强烈的自卑感，更应该得到教师的关注和关心，以爱来感化，耐心指导，真诚地寻找每个学生的闪光点，不吝啬赞美，让每一个学生都能感受到来自老师的信任和期望。针对性别差异和个性发展，我们也可以创造不同的教学环境。

为此，体育教师在教学和训练中的目标设定应以现实、具体、近期、可控，可衡量和个性化等原则为依托，按照体育学习或体育锻炼的要求，发展测量和评估方法，设定目标并适时分配时间，及时提供反馈，使学生逐步实现体育教育所设定的目标。还应指出的是：a. 长期目标应与短期目标相结合；b. 设置的目标应既有挑战性又有可实现性；c. 教师应该和学生携手共同制订目标，这样有助于提高学生的责任感和积极性；d. 依据学生自身以往的成绩制订自我比较目标，而不制定同他人的比较目标，因为自我比较目标给学生提供了更多的成功机会；e. 设置具体、可测量并可记录的目标；f. 提供阶段性的评价机会并给予积极的反馈。

（四）绍兴市元培中学学生参与课外体育活动现状的调查与分析

课外体育活动随着现代学校体育教育的发展，越来越受到重视，成为学校体育教育不可分割的一部分，并逐步向多元化方向发展。课外体育活动能有效提高学生的身体素质，改善健康状况，培养学生的组织能力和自我提升能力，形成终身体育思想，积极开拓人生道路。但是近年来，中学课外体育活动的工作进展效果并不良好，因为管理能力和思想认知不足，仍然出现重智力发展、轻体育锻炼的现象。

针对这些现象，这一研究以绍兴市元培中学学生参与课外体育活动现状为案例研究，运用文献资料研究、问卷调查和访谈等研究方法，对中学课外体育活动的形式、内容与方法进行了探讨，并从中发现问题，为体育教育改革提出发展建议。

1. 研究对象与方法

（1）研究对象

以绍兴市元培中学学生为主要研究对象。

（2）研究方法

①问卷调查法。发放150份问卷，回收有效问卷143份（男生68人，女生75人），回收率达95.3%。

②文献资料研究法。

③数理统计法。

④访谈法。

2. 研究结果与分析

（1）中学生参加课外体育活动的动机与态度

①参加课外体育活动的动机

人事体育活动的主体，通过体育动机维持其参加体育活动的心理状态，体育动机是客观体育需求的主观反映。中学生参加课外体育活动的动机取向，具有一致性和一定的层次性。一般学生进行课外体育活动，都是为增强体质、促进健康、放松心情、娱乐休闲、提高运动技能、建立自信和增进友谊等。

学生的体育动机一般都是源于兴趣爱好，这些兴趣爱好正是通过他们长期参加体育活动中产生的对运动的正确认识，关键在于学生参与体育活动中是否可以充分体会到运动的乐趣和满足感，从而有重复运动的愿望。另外，受身体条件的影响，有一些学生的体育动机是把体育考试能够合格作为目标。

②参加课外体育活动的态度

表1 对中学生参与课外体育活动的态度统计

	非常喜欢参加	喜欢参加	无所谓	不愿意参加
男生（%）	19.1	57.3	22.1	1.5
人数（人）	13	39	15	1

续表

	非常喜欢参加	喜欢参加	无所谓	不愿意参加
女生（%）	14.7	46.6	36.0	2.7
人数（人）	11	35	27	2

调查显示，中学生是喜欢参加课外体育活动的并且有一定的兴趣，这表明他们通常对课外体育活动的认知是比较正确的，是怀有一种积极向上的体育态度的。体育态度规范人们的体育运动或参与行为的选择和行为反应，影响着体育和运动的效率。

从表1中可以看出，无论男生女生，大多数人是喜欢参加课外体育活动的，当然男生的人数要比女生多很多，这反映出在体育锻炼态度上的性别差异，多数中学生对课外体育活动是有正确认识和积极态度的。受访群体中也存在着不喜欢参加课外体育活动的，可能是自身不喜欢，也有可能是缺少一起锻炼的伙伴，或者是家长不重视孩子的体育活动。

（2）中学生参与课外体育活动的组织形式

表2　中学生希望参加课外体育活动形式的统计

	有体育教师指导下进行	有班主任指导下进行	自己独立安排活动内容
所占比例（%）	58.7	13.3	28.0
人数（人）	84	19	40

中学课外体育的行为是通过一定的组织形式表现出来的，一般有单独参加、自由组织、班级或者学校统一组织等。学校开展课外体育活动的组织形式和方法发挥了作用。组织形式和方法是否有吸引力直接影响学生参与课外体育活动的积极性。通过调查访问，学校组织的体育活动是学生参加课外体育活动的主要形式。这表明，中学生的课外体育活动主要是在学校教师的领导下有组织进行的。而且在表2中我们也可以看到，58.7%的学生希望在教师指导下参加课外体育活动。

当然，也有近三成的学生希望独立行动，自由安排活动内容，这就是属于其他形式的课外体育活动，以个体为主参加体育锻炼，因为他们认为学校组织的课外体育活动内容单一且重复，没有吸引力。

所以，我们要加强体育活动组织，设立新颖有趣的体育活动，并且科学合理地安排课外体育活动，使得组织方法和手段更符合学生的实际，这样才能吸引学生积极主动地参与进来。同时，我们也应当重视，中学生在锻炼身体的同时，对以改善身体素质的基础上对个人自我价值的欲望和追求。

（3）中学生参与课外体育活动的项目内容

课外体育活动的内容是建立校园体育活动的体育氛围，提高学生对体育活动的亲和力的关键因素。活动是学生参加课外体育活动和体能锻炼的手段，只有丰富的活动，才能动员学生参与活动的主动性和积极性。学生在选择体育活动项目上具有多元化的特点。调查显示，男生比较喜欢的集体性、对抗性的运动项目，如篮球、足球、羽毛球。而女生比较喜欢的是对抗性弱的运动项目，如排球、羽毛球、乒乓球、跳绳、健美操。田径因为训练时的枯燥乏味和辛苦极不受学生欢迎。因此，教师要把教材内容放一边，减少要求，创新教学形式，多组织趣味比赛，提高学生参加课外体育活动的兴趣。注重个人差异和不同需求，确保学生的参与率。调查发现，学生活动的选择受学校各种条件和社会家庭因素的影响。

（4）中学生参与课外体育活动的场地

表3　学生参加课外体育活动的场所统计（%）

	学校	公园、社区	收费的场馆
男生（%）	69.1	26.5	4.4
人数（人）	47	18	3
女生（%）	77.3	20.0	2.7
人数（人）	58	15	2

表4　学生对学校场地设施满意度情况的统计（%）

	很不满意	不满意	一般	满意	很满意
所占比例（%）	2.8	11.9	37.1	41.2	7.0
人数（人）	4	17	53	59	10

由表3可以看出，学生主要是在学校参加课外体育活动，其次是社区，而收费的场馆去的较少。有很多因素造成这一结果，首先学校具有就近原则，可以节约去

往体育活动场馆的时间。其次，我国商业性的体育俱乐部和公共体育区设施相对破旧，不能满足学生需求。再者，学生经济不独立，在学校进行课外体育活动消费较少。

另一方面，表4显示出，学校的体育设施并没有让大多数学生感到满意，乃至满足他们的体育活动需求。学校体育设施的滞后受到文化经济等多方面因素影响，而想要在短时间内进行较大的改善也是极其困难的，但也不是没有办法。最关键的就是政府加强对学校的教育资金投入，给学生配置更新学习环境和学习设备。

（5）中学生参与课外体育活动的时间

表5　中学生参加课外体育活动时间段的统计

	中午	下午	傍晚	节假日
男生（%）	13.2	50	14.7	22.1
人数（人）	9	34	10	15
女生（%）	8	64	10.7	17.3
人数（人）	6	48	8	13

课外体育活动参加的时间段统计能够代表学生参加体育活动锻炼身体的频率。表5显示，下午是中学生进行课外体育活动的主要时间，这个时间与学校的课程安排紧密相关，因为上午课程多，中午有午自修，下午的时间相对宽裕一些，而锻炼时间又集中在周一到周五，其余两天就看个人的积极性和主动性来定了，因为上述提到过，中学生参与课外体育活动的主要场地是学校。不过，我们所倡导的课外体育活动是希望人们能够在周末也积极主动地进行体育运动。

表6　学生每次参加课外体育活动持续时间的统计

	15～30分钟	0.5～1小时	1小时以上
男生（%）	17.6	27.9	54.5
人数（人）	12	19	37
女生（%）	29.3	52	18.7
人数（人）	22	39	14

表6显示，女生锻炼时间明显少于男生，主要集中在半个小时到一个小时，而男生则是一个小时以上，这也反映出女生参加课外体育活动的积极性要比女性高很多，这也主要是因为两者的生理和心理差异。周一到周五不参加体育活动的女生数量也明显高于男生，学校和家长要重视女生的体育教育。

4. 分析影响中学生参与课外体育活动的因素

（1）对体育的认识不足

一般学校都把升学率放在首位，教育部门也以升学率的评估教育质量高低，让教师、家长错误地认为课外体育活动是不必要的，甚至把课外体育活动视为是浪费时间，影响学生文化课成绩，让学生必须把所有精力放在物理化学课程的数量上，即使有些学生想参加活动，但由于学习负担过重，学生没有时间参与活动，也害怕参加课外体育活动而被老师和家长指责。

（2）中学生个体内在的制约

①学生对课外体育活动的兴趣以及对参与课外体育活动的态度

大多数学生由于兴趣参加课外体育活动，所以如果课外体育活动的内容符合自己的兴趣，将大大提高学生参加课外体育活动的积极性。有些学生缺乏意志力，且懒惰，所以不喜欢参加体育锻炼甚至讨厌参加。实践证明，体育锻炼必须首先克服自我，克服自己的生理、心理惰性，强大的意志力，才能通过体能锻炼，增强身体素质，提高健康水平。而那些意志力弱的人，不想付出训练的学生，无法体验运动带来的乐趣的学习效率的提高，从而减少体育运动的兴趣，影响到运动的积极性。

②性别差异

中学生参加体育活动的差异很大程度上反映在性别之间的差异，男生喜欢活动量较大、竞争性较强的运动项目；而女生则主要选择强度与竞争性较小，但富有一定娱乐性的活动。因此，中学生参加课外体育活动与性别有直接的关系。

③自身的心理健康因素

不同性别，不同年龄的中学生在课外体育活动上的心理健康具有显著差异性。男生的心理健康情况要优于女生，这与他们多参加课外体育活动是密切关联的。学生会有一种错误认识，认为学业压力重的时候不宜在体育运动上浪费时间。实际上，积极参加体育活动和中学生的心理健康是相辅相成的。

④不好的运动经验和运动后造成的疲劳

很多因素都会制约中学生体育活动参加的积极性，如果在以往的体育活动体验不佳，会直接影响他们之后的体育活动体验，许多学生因为体育活动经历不好从而减少参加体育活动的数量。还有学生因运动后感觉疲劳，从而产生对课外体育活动的排斥心理。

（3）家庭的制约

①家长的体育素养

家长对体育的认识是影响学生体育态度的首要因素，然后才是体育情感、体育实践能力、体育行为习惯、体育知识。通过调查访谈显示，孩子体育态度好，往往是其父母的体育素养好，父母的体育认识对孩子体育态度的形成影响最大，父母的体育认识越多，那么学生的体育态度就越好。因此，父母有良好的体育认识和运动习惯，有益于孩子养成良好的体育态度和运动习惯。

②家长支持

调查结果显示，家长对中学生参加课外体育活动的支持是影响中学生参加课外体育活动的因素之一。许多家长认为体育活动会影响学业成绩，从而限制孩子参加课外体育活动。

这反映出中国的教育体制问题，学校只追求升学率，家长也认为大学才是成才的唯一途径，因此二者都忽视甚至反对孩子参加课外体育活动。学生承受的学业压力负担过重，可自由支配的时间较少，更不用说参加课外体育活动。因此，我们必须提高家长的体育意识，让父母认识到孩子不生病不等于健康。要加强健康教育和体育知识的宣传，加强体育运动的影响力，培养中学生良好的运动习惯。在实施新课程时，让更多的学生在游戏中加入自己喜欢的运动乐趣。

（4）学校有关因素的制约

①学校领导对课外体育活动的重视程度

领导的关心与鼓励、重视的程度将直接影响所开展的工作。调查结果显示，学校领导通常将学生的课外体育活动的重要性提升到学生身上，引导学生进行课外体育活动，提高学生的体育动机和兴趣。学校领导对课外体育活动的重视性对学生的参与度有很大的影响。

②体育场地、器材设施

学校体育场馆设施改善情况，直接影响到学生参加课外体育活动，影响他们参加的活动次数。缺少体育场馆和设备，严重妨碍学生参加体育活动，无法满足他们的需求。同时缺乏运动资金、场地和设备也势必影响学校体育和课外体育活动的正常进行和发展、体育活动的内容和形式。

③课外活动的组织形式

课外体育活动的组织和管理机制直接影响学生参与课外体育活动。现在课外活动的组织形式太单一，太乏味，让学生减少了参与体育活动的兴趣，要丰富多元化的组织形式，通过体育比赛来调动学生的兴趣，让学生在游戏中得到足够的运动表现和发挥，提高运动质量，增加参与人数。

5. 结论

（1）中学生参加课外体育活动人数较多

调查显示，97%以上的学生可以不同程度地参加课外体育活动，这表明学生有正确的运动意识，这是积极实施全民健身计划的结果。

（2）学校和家长对中学生参加课外体育活动有较大的影响

学校对课外体育活动的重视程度，体育教师和家长对体育的认识与态度等，对学生参加课外体育活动具有不可低估的影响。

（3）中学生参加课外体育活动的动机不是单一的，而是多层次的

大部分学生参加活动的动机是较为积极的，认识是较高的，但也存在体育动机不正确的学生，急需家长和学校老师进行正确引导。

（4）场地、器材设施不足

场地和器材设施的缺失会影响课外体育活动的正常进行。大多数学生参与课外体育活动的主要价值取向是兴趣爱好、健体强身、调节心理与提高技能。学校和社区应从实际出发，积极改善运动场地、器材设备和卫生条件，为学生创造一个良好的锻炼环境，以激发学生的锻炼动机和兴趣，使其逐步养成经常锻炼的好习惯。

6. 对策与建议

（1）要树立正确的体育运动观念

要解放思想，更新教育观念，改革学校评估体系，逐步消除以升学率为轴心的教育质量评价体系的错误观念，让学生摆脱应试教育的阴影，确保学生有足够的时

间参与学校课外活动，让学生健康发展。随着全国健身计划的广泛推广，课外体育活动已从学校体育延伸到社区体育、家庭体育中来。学校和家庭也应该改变不正确的想法，为学生创造良好的体育环境。要建立终身体育发展观，运动时间延长至终身，要改变部分领导和老师只注重课外活动是体育运动的延续、课外活动的错误概念，提高课外体育活动的价值。

（2）使学生对课外体育有正确的认识和态度

培养学生对体育的正确态度，提高学生的运动意识，提高学生对运动的兴趣。学生对体育活动产生兴趣，可以激发他们自觉积极地参与体育运动。不知道运动的好处，不会运动，就不会产生兴趣，建立起正确的体育态度，要培养学生对课外体育活动的爱好兴趣，让学生一起加强课内外体育活动，增进学生的体育兴趣，使课外体育活动融入生活习惯，成为不可或缺的生活部分，让每个学生在自己喜欢的活动中感到放松和幸福，分享成功的快乐。同时要结合运动意识和科学运动方法，将会产生积极的作用，形成兴趣，然后为培养从事终身体育运动的习惯打好基础。

（3）丰富课外体育活动的内容

充分利用假期进行丰富多彩有趣的娱乐休闲课外体育活动和比赛，提高学生对体育运动的兴趣，增加参与度。扩大内容和形式，使其更加适应时代精神，符合学生利益。不仅改变过去只说空话的情况，切实有效地开展课外体育活动。活动的内容要更加丰富多彩，选择一些体育教学内容、体育与比赛紧密结合的项目，使运动对学生更有吸引力，让学生体验运动的乐趣，愿意主动积极地参与长期课外体育活动，使其身心健康发展更协调、更持久。

（4）要因地制宜、因材施教地开展体育活动

不同区域的学校有不同的情况。开展课外体育活动时，要充分利用当地的有利条件，如周边广场、场地等场所，开展特色体育活动。设备先进、师资力量较强的学校，也要开展专项体育活动，以提高学生课外体育活动的参与度。同时，教师还应根据学生个人差异和自身条件，适当合理地组织体育和课外体育活动，安排教材内容，避免片面无聊的练习，引导学生参加能发展自己个性的体育运动项目。

（5）建立科学的课外体育评价体系

确定课外体育活动的管理目标，建立一系列课外体育活动管理系统。并按照课外体育活动的管理目标，检查和评估活动过程与结果，确保课外体育活动能够高质

量、高效率地进行。 通过每星期的出勤率和班级参加课外体育活动来评估体育活动开展的效果，对学校各项竞赛进行评估，评估结果公布，综合评价表现良好的班级并给予奖励。

（6）改善学校设施条件，营造良好的校园体育文化氛围

学校领导要有效加强课外体育活动领导，课外体育活动包括在学期工作计划中，由负责组织的教学主任负责指导学校课外体育活动的具体组织，使学校课外体育活动真正实现健康有序发展。培训学校领导对体育有兴趣，学校领导可以定期参加体育活动，将有力地促进学校教师和学生开展体育活动，形成校园体育活动的良好氛围。同时，面对设备和现场条件的限制，要增加政府投入，及时更新和补充学校运动器材，使这种环境尽快改善，给学生运动一个良好的体育活动环境。

四、中学生锻炼态度的文化差异

（一）中学生体育锻炼现状分析与对策

1. 调查对象

昆明市部分初中学生以及部分体育教师和体育专家。

2. 调查方法

问卷调查法：对昆明市城区部分初中学生发放问卷350份，回收有效问卷325份。

访谈法：和昆明市城区部分初中生进行交谈，了解体育锻炼相关情况，并访问有关体育教师和体育专家。

文献资料法：参考各大文献资料和网络资料，了解有关信息。

统计法：对昆明市城区部分初中生325份"你的体育锻炼情况"的问卷调查所得的数据进行科学统计，并形成表格。

3. 调查结果与分析

昆明市城区部分初中生对体育锻炼的态度。从统计数据来看，喜欢体育锻炼的学生数量多于不喜欢参加体育锻炼的学生数量，且总数超过半成。也就是说初中生

正在德智体美劳全面发展，越来越重视体育锻炼对学习生活的意义。

昆明市城区部分初中生参加锻炼的时间段。体育课是初中生锻炼的主要时间段，占比高达62%，也有29%的同学是在课后锻炼，也有9%的同学选择业余时间参加体育锻炼。这一数据显示，大部分学生还是被动参与体育活动锻炼，把体育锻炼作为学业任务而不是自己的兴趣爱好。

影响学生锻炼的制约性因素分析。学习压力是最制约学生锻炼的因素，接下来依次是场地狭小、学校体育活动开展少和家长反对。现行中考体育成绩只有45分，其中10分是学校自主打分，虽然中考体育成绩提高，但是和其他学科相比依旧微不足道，从学校到家长，都忽略了体育活动的重要性。此外，昆明市城区的学校运动场地也面临面积日益缩小的问题，有些重点学校的人均运动场地占有面积不超过2平方米，做课间操都是你拥我挤，更不要说开展其他体育活动项目了。

4. 对策与建议

学校健康工作者可以通过讲座、板报、广播等形式做好体育活动宣传，在学生间乃至学生家长中开展学校体育教育，促使他们认识到体育锻炼的重要性并养成自我运动的意识。

教育行政部门应采取有效措施，有效减轻中学生的学习负担，提高学习效率。积极开展适合中学生年龄特色的体育活动，校园和学校内外多彩的活动，确保日常运动时间充分，锻炼身体。

整合体育资源，改善场地设施。政府应着力规划分配点，从学校用地、资金配置、教师设备等方面妥善安排，缓解老师少、学生多的紧张程度。针对很多"麻雀学校"，政府应该为教育资源创造更好的综合优化条件。如在课余和节假日开放学校体育场馆，充分利用现有的学校体育资源，来满足青少年在课堂之外的体育锻炼需要。

父母在子女养育问题上应走出"重营养，轻运动；重文化，轻锻炼"的误区，鼓励他们多参加体育活动，并从体育活动中逐步培养吃苦耐劳、坚忍不拔的意志品质以及健全的心理素质和良好的社会适应能力，促进孩子身心健康发展。

体育教师应教授体育锻炼的科学方法，根据身体素质要求，帮助学生制订合理的训练计划和运动方案，从源头上避免或预防肥胖现象。

在考试中提高体育比分，促进家长和学校重视学生的体能锻炼。有很多家长和学校教育机构不重视体育科目，主要原因是体育考试在中考中占分偏低，这应该增加体育科目的成绩比重，使其真正成为学生、父母和学校重视的学科。

（二）中学生体育达标标准

第一条　为了全面贯彻国家的教育方针，促进学生德、智、体、美、劳全面发展，使学生上好体育课，积极参加国家体育锻炼标准的测验和课外体育活动，不断增强体质，提高健康水平，特制订中学生体育合格标准的试行办法。

第二条　凡身体正常的学生，达到下列三项要求，即为体育合格。

一、体育课坚持出勤，不无故缺课。体育课成绩及格。

二、经常坚持体育锻炼，自觉地参加《国家体育锻炼标准》的测验，养成经常锻炼身体的习惯。

三、按照学校规定的时间，每天坚持认真做好早操、课间操。参加课外体育活动每周不得少于两次（每次不少于一课时）。

第三条　对体育不合格的学生，不得评为"三好"学生；毕业时，经补考仍不合格者，只发结业证书，不得报考高一级学校。一个班的体育合格率，应作为评先进集体的条件之一。

第四条　已建立学生档案的学校，应建立学生体育合格登记卡。每学年按要求逐项登记，并由班主任、体育教师签字，学生毕业时，将登记卡放入学生档案。

未建立学生档案的学校，将体育合格的情况载入学生学习成绩册。

第五条　对患有先天性疾病、小儿麻痹症、部分肢体残缺，或有医院证明不宜参加体育活动的学生，经学校核准可免予执行体育合格标准。

对个别虽身体正常，但过于肥胖、瘦弱、身体素质极差的学生，应教育他们重视体育，指导他们加强体育锻炼；如确属客观原因仍达不到体育合格标准，经学校校长严格审批，可适当放宽要求。

第六条　学校领导应把本"办法"的贯彻实施列入工作计划，认真执行。

第七条　凡师资、场地、设备条件确有特殊困难、暂时不能实施体育合格标准的中学，经上级教育行政部门批准，可暂缓实施。但主管部门应帮助学校积极创造实施的条件。

第八条　在实施体育合格标准的过程中，各级教育行政部门要加强检查督促。

发现有弄虚作假、徇私舞弊者，应进行严肃处理。对情节严重者，给予行政处分。

第九条　各省、自治区、直辖市教育行政部门可根据本地区的实际情况，制订具体实施意见。

（三）中学生体育锻炼

例：

周一：

强度：大；

运动量：中。

课任务：发展速度，提高快速奔跑能力。

课内容：

1. 慢跑+柔韧性练习：35min。

2. 跑的专门练习。

3. 原地快速高抬腿跑：10秒×3组。

4. 计时跑：30m×4组，60m×3组。

5. 立定三级跳远：10次。

6. 后抛实心球：15次×2组。

周二：

强度：中；

运动量：中。

课任务：发展力量练习，提高腿部力量素质。

课内容：

1. 慢跑+柔韧性练习：35min。

2. 抓、挺举。

3. 负重深蹲起：台阶式，如男60kg×12次，70kg×10次，75kg×8次，80kg×6次，85kg×4次，90kg×（2~3）次，95kg×（1~2次）×2组。

4. 栏架练习：栏间垫步走12次，双脚跳栏10次。

5. 推铅球：10~15次。

周三：

强度：小；

运动量：大。

课任务：发展速度耐力，提高非乳酸系统功能。

课内容：

1. 慢跑+柔韧性练习：35min。

2. 跑的专门练习。

3. 弯道跑：40m×（6~8）次。

4. 波浪跑：400m×3圈×3组。

5. 短助跑水平单足跳：20m×3组。

周四：

强度：大；

运动量：小。

课任务：发展速度练习，提高快速奔跑能力。

课内容：

1. 慢跑+柔韧性练习：35min。

2. 跑的专门练习。

3. 高抬腿走：100m×2。

4. 后蹬跑：100m×2。

5. 垫步车轮跑：100m×2。

6. 行进间加速跑：40m×4；60m×3。

7. 沙坑收腹跳：25次×3组。

周五：

强度：中；

运动量：中。

课任务：发展专项素质，提高专项技术素质水平。

课内容：

1. 慢跑+柔韧性练习：35min。

2. 跑的专门练习。

3. 负30%杠铃弓步走：30m×4组。

4. 负橡皮带髂腰肌练习（仰卧垫上）：30次×3组。

5. 负橡皮带股二头肌快速折叠（俯卧垫上）：左右各30次×3组。

6. 推铅球。

周六：

强度：小；

运动量：大。

课任务：发展一般耐力，提高心肺功能。

课内容：

1. 越野跑：5000m。

2. 伸展性练习：30min。

3. 立定三级跳远；10次。

4. 背肌：20×2组。

5. 直立单足踝曲伸：尽力，幅度大，两组。每次训练结束都必须进行15~20分钟的肌肉放松和伸展性练习。

周日休息。

（四）浅析高考体育训练

高考的目的是培养体育院校的后备人才；进行综合体能训练，学习掌握基本动作技巧、基本策略；进行思想道德教育，为未来从事职业体育训练，提高运动表现、技术、战术思想素质和心理素质奠定基础。由于青少年正处在生长发育的最后时期，各方面生理指标已经完善。因此，在训练时应注意以下几点。

1. 注意普及训练，在教学及训练中发现苗子

苗子的选拔是高考体育训练中的一项重要任务，选择好就成功了一半，要根据高考的实际要求：一是选择一些不仅身体素质好，文化课成绩也过硬的体育特长生。二是选择一些能够承受困难，把具有坚强意志的学生纳入团队，从而成功完成培训任务，确保培训课程的质量和效果。三是选择一些遵纪守法、思想品德端正的学生，使训练团队成为一个团结向上的团队。四是要选择心理素质好、发展潜力大的学生。五是要深入课堂训练实践中，仔细观察，全面了解，尽量让更多的学生参

加到高考体育训练中来。学生在训练中所表现出来的各项身体条件，如身体形态指标（体形、四肢长度、关节围度、肌肉形状等）、生理机能（肺活量、心率等）、身体素质（速度、耐力、力量、灵敏、柔韧等）都能十分明显地展现。

2. 制订出严密、符合实际的训练计划

（1）宏观计划和具体计划相结合

高三年级从前一年的8月份至第二年四月份共有9个月的训练时间，把这9个月自然分成三个阶段。第一阶段主要发展学生综合素质，主要是速度、力量、灵敏、协调等方面的能力；第二阶段进入冬训期，主要是发展学生耐力及意志品质；第三阶段主要加强专项训练并适当安排模拟考试，让学生适应比赛气氛和环境。

（2）根据宏观计划制订出每月、每周甚至每天的计划

在宏观计划的基础上突出具体的训练计划。考虑到学生整体素质能力，根据特殊学生（差生和优生）再制订出具体到每个人的训练计划。制订出的计划一式三份，一份送给学生，一份教师保留，一份在更衣室里张贴出来，让每位学生做到心中有数，明确自己每天该练什么，训练量和强度应该达到什么程度，避免盲目性，能大大提高训练效率和训练效果。

3. 注意重点发展学生的心肺功能，重视力量素质训练

高中阶段是生活过程中生理和心理成熟的关键阶段。他们的身体功能状态和意识形态风格及道德素质正处于形成和发展的阶段。这个阶段，高中生的好动、自控能力差的特点决定了他们不宜从事运动负荷过大的专门性体育训练。

心肺功能是机体的"引擎"，发展学生心肺功能是入队前两个月的主要目的，掌握循序渐进的原则，数量和强度从小到大，内容从简单到复杂。一般采用：重复跑300～600米，重复4～8次，休息4～5分钟；间歇跑200～400米，4～7次，间歇2～4分钟；变速跑多采用直道加速、弯道减速的训练方法。主要发展学生的速度耐力和有氧、无氧乳酸混合供能能力。否则，不但容易疲劳，还会让他们身心俱疲，降低学习效率和学习信心，失去拼搏进取的勇气。因此，在训练时应时刻注意学生的最高心率不要超过180次/分钟。一般情况保持心率130次/分左右，并保持3～6分钟锻炼效果最佳。而在训练中应注意合理安排心率在140～150次/分的训练，适当安排心率150次/分以上的训练，以保证训练效果，但必须注意学生精神状态、脸部表情，发现运动量过大应及时停止训练。

力量是确定成果的重要因素，没有力量的结果不会有很大的改善，协调是决定力量发挥动力的关键，所以要安排质量和协调力量的实践交叉和共同发展。根据不同级别的学生训练，使用不同重量的杠铃蹲下，重量跳跃，加重跑步，上坡跑步，加强腿部和腰部力量，使用华尔兹步、交叉运行、追逐跑和各种游戏来改善学生的敏感性和协调能力。培训方式要注意多元化、兴趣或竞争。基本技术运动和基本手法，使学生掌握正确的技术行动和正式运动方式，为未来的特殊训练奠定基础。注意运动量和运动量不能太大的同时，还要注意运动量和运动量不能太小，避免运动训练的影响失去高考体育训练的意义。

4. 合理安排训练方法和强度

我一直到很多学校看运动训练，在方法上还是用一些原来的模式，我也对学生进行了一次书面调查，学生普遍反对单一的训练方法，没有新鲜感，缺乏一些有效的新的训练手段。所以教师应该经常看大型竞赛，经常阅读一些体育杂志，学习更多的培训方法和手段来丰富自己的业务水平，并应用于培训，以提高培训效果。

我认为安排的强度也是一门学问，适当的力量可以提高运动水平，没有一定的刺激，结果将难以改善，只有反复的刺激、适应，结果才能有所突破。但是大学入学考试培训团队和职业运动员的培训是非常不同的，因为高考训练队伍的身体功能、生活水平、学习因素等不同因素影响，所以在平日训练中，不能盲目追求专业精神，要根据具体情况，合理安排锻炼的强度，最终达到高考的基本要求。

5. 注意多安排心理素质训练

心理素质是运动场上的灵魂，没有好的心理素质就没有学生在考场上的良好发挥。高考训练队的学生，一般心理素质较差，缺少比赛经验，缺乏自信心。

（1）要经常和学生谈心，使其提高自信心，增强求胜的欲望和不服输的精神。

（2）要多安排学生参加一些运动会，增加比赛经验。

（3）要增强学生临场兴奋性，消除心理的紧张情绪。

（4）在模拟考试中虚拟考试的场景、气氛，如邀请父母、同学到场观看，播放观众噪音进行心理干扰，由陌生的体育老师做裁判等，培养良好的迎考状态和心理素质。

6. 注意强调训练后的放松练习和饮食营养，加快恢复

只有恢复才有成绩的提高，教练员一定要把放松性练习放在重要位置，主要

做好：

（1）从思想上教育学生，没有放松练习就没有成绩的提高，让学生认识到放松性练习的重要性。

（2）认真安排训练内容，切实达到放松的实效。

（3）教师要做好监测工作，每次培训结束后，要及时全面恢复，引导学生完成放松练习。如两人一组进行按摩练习，互相倒立、互背，放松跑步，热水浴，听音乐等。饮食营养也是影响学生身体恢复的重要因素，安排一些高能量食物，确保身体的能量供应，如鸡蛋、肉类和一些易消化吸收食物。

7. 注意协调好学习与训练之间的关系，注重加强交流

（1）合理安排训练与文化课学习，尽量不占用文化课学习的时间和学生必要的休息时间。

（2）教练要经常督促学生的文化课学习，主动与班主任配合，保证学生体育和文化课成绩同时提高。

（3）严格遵循循序渐进原则，防止不必要的运动损伤。同时也要遵循从难从严的原则，培养学生吃苦耐劳的精神和动作的规范化、稳定性。

（3）平时训练要注意锻炼学生胜不骄、败不馁的意志品质。

通常培训时应注意与兄弟学校的切磋学习，特别是在准备早期阶段尤其重要。通过沟通交流可以相互学习、找到差距进行及时的补救；可以积累考试经验，适应竞赛环境，对整个竞赛有框架性理解，所以要注意可以适应各种场地的变化。这种切磋沟通对边远农村来说更重要，让学生有心理准备，合理沟通对教师的指导也很重要，相互学习，及时调整培训方案，提高培训水平，更有利于指导学生提高成绩。

（五）中学生体育课心得体会

体育是人类社会的发展，根据生产生活的需要，遵循人体心灵发展规律，把身体素质作为实现身体素质的基本手段，提高体育技术水平，思想道德素质教育，丰富社会文化生活的一种有目的、有意识、有组织的社会活动，伴随着人类社会的发展，逐步建立和发展了专门的科学领域。[①]

---

① 谢欣. 浅谈体育与身体素质教育的关系. 科技信息，2012年第14期.

运动的概念既有狭义的也有广义的。

1. 体育的概念

体育的广义概念（亦称体育运动）是指以身体练习为基本手段，以增强人的体质，促进人的全面发展，丰富社会文化生活和促进精神文明为目的的一种有意识、有组织的社会活动。它是社会总文化的一部分，其发展受一定社会的政治和经济的制约，并为一定社会的政治和经济服务。[①]

体育的狭义概念（亦称体育教育）是一个发展身体、增强体质、传授锻炼身体的知识、技能，培养道德和意志品质的教育过程；是对人体进行培育和塑造的过程；是教育的重要组成部分；是培养全面发展的人的一个重要方面。[②]

2. 竞技体育

竞技运动亦称"竞技体育"。指为了战胜对手，取得优异的运动成绩，最大限度地发挥和提高个人、集体在体格、体能、心理及运动能力等方面的潜力所进行的科学的、系统的训练和竞赛。含运动训练和运动竞赛两种形式。特点是：

（1）充分调动和发挥运动员的体力、智力、心理等方面的潜力。

（2）激烈的对抗性和竞赛性。

（3）参加者有充沛的体力和高超的技艺。

（4）按照统一的规则竞赛，具有国际性，成绩具有公认性。

（5）娱乐性。当今世界所开展的竞技运动项目是社会历史的产物。远在公元前700多年的古希腊时代，就出现了赛跑、投掷、角力等项目，发展至今已有数百种之多。普遍开展的项目有田径、体操、篮球、排球、足球、乒乓球、羽毛球、举重、游泳、自行车等。各国、各地区还有自己特殊的民族传统项目，如中华武术，东南亚地区的藤球、卡巴迪等。其发展与国家、地区的政治、经济、文化教育、科学技术密切相关。[③]

3. 娱乐体育

娱乐体育是指以身体和心理活动为目的、在休闲时间或者特定时间进行的体育活动。具有业余性、休闲娱乐等特点。一般包括球类运动、活动性游戏、旅游、棋类和传统民族体育活动等内容。根据组织活动可分为个人、家庭和集体；根据活动

---

①②③ 全国体育学院教材委员会．体育概论．人民体育出版社，2005年版．

条件可分为室内和户外；通过竞争可以分为竞争性和非竞争性；按业务分为商业和非商业；根据经营方式可分为观赏活动和运动性活动。开展娱乐体育活动，对身心健康、培养情趣、培养高尚品位具有积极意义。

4. 大众体育

大众体育也被称为"社会运动""大众运动"。体育活动广泛应用于社区娱乐体育、体育锻炼、疾病预防控制和运动储备人才培养等领域。包括职工体育、农民体育、社区体育、老年人运动、妇女运动、残疾人运动。主要形式有运动团体、运动队、辅导站、体育馆、运动中心、体育俱乐部、棋牌俱乐部和个人免费运动。开展群众性体育活动，要按照个人差异的原则，包括时间、业余、自愿等。广泛的群众性体育活动是发挥体育的社会功能、提高国家整体身体素质、完成体育的重要任务。

5. 医疗体育

医疗体育指运用体育手段治疗某些疾病与创伤，恢复和改善机体功能的一种医疗方法。与其他治疗方法相比，其特点有：

（1）是一种主动疗法，要求主动参加治疗过程，通过锻炼治疗疾病。

（2）是一种全身治疗，通过神经、神经反射机制改善全身机能，达到增强体质、提高抵抗力的目的。

（3）是一种自然疗法，使用人体自然功能（运动）作为治疗手段，一般没有时间、地点、设备条件影响。通常使用医疗体操、慢跑、步行、骑自行车、气功、太极和特种运动器材（如集会、自动跑步机等），以及日光浴、空气浴、水浴作为治疗手段。应因人而异，坚持不懈，一步一步，并辅以药物或手术治疗和心理咨询。两千多年前，已用"指导""健康"为手段预防和治疗疾病，后继续发展和完善，成为中国运动医学的重要组成部分。

6. 体育的本质

体育的固有属性，不仅是人类社会的身体教育活动，还是一种社会文化活动。

7. 体育运动的本质特征

作为发展机体的手段，体力健身，促进人类社会发展服务的全面发展。在社会发展的过程中，受到一定的政治和经济因素限制，又服务于这两者。体育具有自然与社会的双重属性。自然属性如运动方式、手段等；社会属性如体育思想、体

系等。

（六）浅谈高中生体育锻炼和学习成绩的关系

上述已经提及体育的广义和狭义概念。传统观念认为，学生在体育锻炼和学习成绩两者之间存在矛盾，体育锻炼会影响学习成绩的提高。在此观念的影响下，体育锻炼时间被不断挤占，甚至直接从毕业班的课表中消失。然而，体育锻炼已经成为人们日常生活不可分割的一部分，在满足物质生活的基础上，人们开始追寻身体素质的提高。而众多中学生在升学率的巨压下，缺乏体育锻炼，不仅身体素质下降，而且心理上也出现疾病。我们应该对体育锻炼和学习成绩之间的关系做出重新认识。此次研究，通过文献资料法、调查问卷法、数据分析法对体育锻炼和学习成绩两个方面的关系，并得出结果是：大部分学生渴望得到体育锻炼，希望通过体育锻炼使自己获得健康的体魄，学会体育技能。只要正确处理体育锻炼和学习之间的关系，就能事半功倍，身体素质增强，学习成绩提高。[①]

1. 结果和分析

（1）学生普遍反映喜欢参加体育锻炼

问题一：学生对体育锻炼是否感兴趣调查。

从问题一中显而易见，受访的同学有七成多的人喜欢参加体育锻炼，不喜欢参加体育锻炼的人只占26%，3%的人持"无所谓"的态度。

（2）学生愿意参加体育锻炼的主要原因

①强健的体魄是搞好学习的前提

毛泽东在《体育之研究》一文中指出："体育不但可以增强筋骨，还可以增进知识。求得知识靠身体，直观靠耳目，思索靠脑筋，耳目和脑筋都是身体的组成部分，身体健全了，知识才能健全，学习现代化科学知识，无论是上学或者是自修总得力能胜任，力能胜任的人是体魄强壮的人，不能胜任的是体魄柔弱的人，身体的强弱不同，那么胜任的程度也就有差异了。"体育活动最基本的功能是健身，增强身体素质，体质强壮。身体是革命的本钱。为了应对目前较大的学习压力，没有强大的体质，要取得好成绩只是空谈。

[①] 杨灿良. 浅谈我校高中学生体育锻炼和学习成绩的关系. 鹤山市第一中学.

②能学会基本的体育技能

现代社会流行的是终身体育观念，体育锻炼是一种自主行为，而且是终生行为。现代人要掌握基本的体育知识和技能，在没有专业人员指导的情况下，依旧能自觉主动地参加体育锻炼。

③增强自信，放松身心，娱乐

处在青春期的高中生，每天都要应付沉重的学习任务，很少有时间参加课外娱乐活动，身体锻炼已经成为他们的主要放松、娱乐途径。通过体育锻炼，使紧张的情绪放松，在与朋友交往的过程中获得默契。学生们参加自己喜欢的运动很好，会在身体完成各种复杂的练习过程中，与同伴在和对手的战斗中默契合作，在征服对手的过程中赢得非常美好的愉悦感和心理满足，可以让人有自尊心、自信心、自豪感，满足同伴之间合作的需要。

（3）学生不愿意参加体育锻炼的主要原因

①没有体育锻炼的习惯

性格文静的学生更喜欢在课余时间看书，和朋友聊天，对于对抗性比较强的运动较为排斥，认为会受伤，所以不参加体育课之外的体育活动。

②不擅长某一项体育运动，害怕出丑

自尊心较强的学生比较在乎输赢，虽然有参加运动的欲望，但当发现自己在体育运动方面不如他人擅长时，就会担心自己出丑转而寻找另外的方式来凸显自己，实现自我价值。

③觉得学校场地器材限制太大

有些同学个人运动需求比较多，学校现有的体育器材无法满足他们的锻炼需求，因此在体育活动项目的选择上比较受拘束。

④浪费时间，影响学习

少数同学抱有错误的传统观念，认为体育锻炼是浪费了文化学习的时间，面对高考更应该把学习放在首位，毕竟面对的是一试定终身的高考。

（4）高中生每周参加体育锻炼的时间

高中体育课一周两节，课时总计80分钟。调查发现，超半数的同学除了体育课很少参加课外体育活动，还有8%的同学即使是体育课上的体育活动也是敷衍了事，并不是真正全心全意地投入。真正热爱体育活动，并在课外也积极主动参与体

育锻炼的同学只有34%。造成这种现象的原因是学习任务过重，老师和家长都只强调文化课学习而不主张拿出时间进行体育锻炼，虽然他们有参加体育锻炼的欲望，但是在多方重压之下，只能放弃参加体育活动的时间，埋头苦读。

（5）体育课内容安排情况调查

现在高中的体育课程安排往往和文化课安置在一起，运动完马上就是室内的文化课，因此大家往往选择一些运动量较小的体育项目，而运动量大、对抗激烈的三大球项目的地位开始下降。因为体育课上的大量运动容易产生疲劳感，影响下一节的文化课学习效率。田径、武术项目教学活动相对比较乏味，同学们选择的人不多。游泳项目选择的人也不少，由于学校的条件和体育课时的限制，故不能开展。

（6）体育锻炼效果调查

上述叙述我们知道，适当的体育锻炼能使人心情愉悦，精神振奋。调查结果也显示，近半成学生反映锻炼后心情放松，有36%的学生也有这种感觉，但是不如那48%的学生感觉明显，还有26%的学生认为没有这种感觉或者自己也说不清楚。学业繁重大量压缩了学生平时的休闲娱乐时间，因此，学生只能充分利用体育课堂来进行有效的减压，缓解疲劳感，保持愉悦的心情进行文化课学习，这也证实了适当的体育锻炼能够有效提升学习效率，提高学习成绩。

（7）对300名正常参加体育锻炼的学生在一个月前后的文化成绩与年级平均分进行对比

注：只抽取高中三个年级该月份考试语文、数学、英语三门进行对比，每门满分150分。

从以上一个月内的2次月考成绩，我们很容易得出，300名学生在经过正常的体育锻炼后，第二次月考成绩明显取得进步。当然，我们也不排除考试难易程度对调查的影响，但至少我们可以知道，正常参加体育锻炼、合理安排锻炼时间和锻炼强度，不仅不会使成绩降低，反而还提高了学生成绩。访谈中，接受调查的学生普遍认为，合理的体育锻炼让他们不会因为压力多大而产生身体不适问题，心情也相对愉悦，烦恼头疼的时间减少。这里面不排除学生的智力因素，但是学习能力是智力因素和非智力因素的合力，当非智力因素更好地发挥功效时，就能事半功倍了。

从上述调查中我们可以得知，高中三个年级学生参加较活跃的体育锻炼，可以通过体育锻炼来认识身体素质，获得运动知识，基本技能，还可以通过运动帮助大脑添加大量的氧气，大脑的新陈代谢，让学生面对沉重的脑力工作会更放松。只有一小部分学生认为体育锻炼才会影响学业成绩。"8-7 > 8"的实验告诉我们，认真工作7个小时休息1个小时，比一直不停地工作8个小时的效果要好，这是劳逸结合、张驰有度的结果。

2. 结论和建议

（1）理论与实践表明，体育活动和学业成绩并不矛盾，运动时间过长或过强有不利之处，但只要有时间和强度的合理安排，体育活动会支持和加强文化课的学习。

（2）面对体育运动的现状，主动参加各种体育运动，合理安排锻炼和学习时间，是实现两个共同进展的方面。

（3）学校正确引导学生运动，学校运动应进一步发展，以满足广大学生的需求，吸引更多学生主动参与体育锻炼，通过体育锻炼获得生理、心理和道德健康。

第三章

大学生体育锻炼的状况研究

一、大学生体育锻炼概述

（一）大学体育教育的价值与功能

大学体育教育经历很多发展阶段，到目前，已经发展为一种承载着复合型功能和价值的大体育教育系统。

1. 人文精神、心理、人格培养与训练的功能

（1）人文精神的训练功能。大学体育不是单一的体能技能训练，通过各种运动学习和训练，能够培养学生的团队意识，规则意识，组织意识，责任感，吃苦竞争精神，促进学生现代公民素质和意识的培训与改进。同时，通过扩大体育理论课程，对学生的思想素质等方面进行教育

（2）心理与人格的培养功能。各种运动项目可以测试学生的心理素质和毅力。这些项目的发展可以大大提高大学生的心理素质，提高大学生克服各种困难、迎接挑战的心理素质

（3）培养思维训练的功能。大学体育课的发展可以促进学生学习体育知识，拓宽自己的视野，通过体育技能训练进行培训，从而培养学生的规划、合作与观察能力。

2. 健身功能

这是大学体育教育自身的功能，主要是对学生的身体运动方法和技能进行训练，教会学生各种科学体育锻炼的方式和手段，最终达到长寿的目的。

3. 休闲与娱乐功能

关于这个功能，主要是随着各种比赛游戏的出现，大学体育活动对广大观众有休闲娱乐的作用，当然已经成为运动爱好者的休闲娱乐之一。

大学体育的发展是提高高校竞争力的途径之一，要发展具有自身特色的大学体育教育，成为提升知名度和社会声誉的亮点之一。

（二）当前我国大学体育教学的现状与问题

目前，中国大学体育教育由于主观客观、历史与现实、内外等原因，整体发展不是很好，在大学发展体系中处于边缘化的尴尬境地，存在一些严峻问题，具体如下。

（1）从学校层面来看，大学体育教育的发展，指导思想和重视度都是不足的。首先，学校强调大学体育教育还不够，导致大学体育在整个大学发展体系处于边缘化地位，导致投入明显匮乏。其次，大学体育指导思想和经济社会生活脱节，特别是健康运动和终身体育的概念，整体体育观念宣传力度不够。再次，大学体育的软、硬件建设跟不上教育进度，包括教师建设、体育设施建设、体育课程体系建设等都存在滞后问题。

（2）从学生水平来看，大学生一般不重视体育课，主要是在以下几个方面。首先，由于大学体育考试的价值取向，学生经常对体育教学课敷衍了事，忽视体育课增强身体素质的功能；学生专注于体育锻炼往往是因为处在体育考试阶段，难以真正端正学习体育的态度和目的。其次，由于就业、专业学习、朋友等原因，导致学生投入有限的精力到体育教育课堂中。对比而言，大学生对大学体育课的积极性和主动性不高。再次，在概念上，大学生对体育课程的了解是国家体育运动的一个小小体现，认为体育是单一体能训练，其他的训练功能作用不大。正是由于这个原因，导致当代大学生身体发育和健康状况非常不理想，凸显了大学体育模式和价值取向存在一些问题。

（3）从教师层面来看，教师素质、教学方法、教学观念、教育模式还有一些问题。首先，在教育观念上，无论是传统的教师主导型还是学生自由式的教育模式，

都导致大量的体育教育看起来并不是合适的。其次，运动训练对学生的指导不够，许多体育教师强调需要完成教育任务的硬性规定，对学生的运动心态和运动创造力等方面的关注不够。再次，大学体育课教育内容，很多都是高中体育课的重复教学，没有专注于运动技能的实际运作，对运动理论体系的解释还不够清晰，并没有真正让学生在大脑中建立起系统的运动科学知识。同时，学生运动能力的培养力度还不够，忽视了学生的创新能力和观察力的培养。再次，大学体育的方法缺少灵活性，包括老师的知识话语系统不生动，在很大程度上，或跟随老师解释教学方法，学生的个性化和自由化的培养不够。同时，由于种种原因，发生了大班模式和放养式体育教学现象；教师教育方法存在很大的随机性，结合学生的专业特点和个性兴趣不强，导致教育的相关性不足，效果达不到；没有发挥学生主体性，导致老师和学生互动的体育活动是缺乏的。最后，大学体育教学形式比较简单，在很大程度上仍然处于课堂式状态，第二课堂体育活动不够，现代复合体育教育模式尚未成型。此外，体育教师人数有限，培训不够，教育和职称不高，整体素质总体不是很好，特别是人文素质差。

（三）我国大学体育教学改革与发展的对策

鉴于中国大学体育发展的这种形势和现存的问题，我们必须主动采取各种措施，促进大学体育教育的改革和发展，努力开展大学体育教育，随着高校发展步伐的前进，做出自己应用贡献，为大学体育教育的发展写下新篇章。

（1）彻底改变大学体育教育的边缘化状态。要真正实现这一点，首先，中国高校必须从政策和制度出发，把大学体育作为学生毕业考试的重要指标，为每个学生的体能和运动知识、技能进行全面的考察和评估，力争从国家和学校层面的制度建设上，将学生体育发展情况转化为四年制大学学历评估制度之一；同时积极推动和支持体育类的社团学生，从学校层面上形成以体育发展为重点的思想意识。其次，大力推进体育教育在广大学生中建立大型体育科学观念的重要性观念，彻底改变大学生对体育教学漠不关心、没有关注、不感兴趣的现状，让学生主动参加大学体育活动。

（2）提高体育教育软、硬件设施的质量和数量，努力提高体育师资队伍的专业素质和工作积极性，增加必要的体育设施和场地，引进先进的体育教育软件，努力实现大学体育从物质到精神的现代化转向。

（3）改变师生体育观念和思想观念，积极推动体育教育综合发展。一是坚持以学生为导向，从单一重点培养体育技能和教育向培养学生的德智体全面发展转变，考虑到人文教育。二是引导学生树立终身体育的理念。大学体育教育只是大学生体育活动的重要时期，最终目的是要建立大学终身体育教育和大学生终身体育的理念。

（4）学习吸收西方先进的大学体育教育模式，积极改革目前我国单一枯燥的体育教学模式，创新大学体育教育模式，尝试多元化的大学体育教育模式，积极推动大学体育与社会运动相衔接，开展俱乐部形式的大学体育活动。

（5）加大大学体育课程改革和建设，积极学习西方发达国家建设大学体育课程的经验，结合自身现实，形成现代复合型大学体育课程体系，真正建立大学集群式的体育课程体系，注重大学体育复合功能与价值观的教学内容。

（6）加强大学体育教育内容和方法的改革和发展，以科学的大学体育教育模式，将健康教育与体育教育结合起来，积极吸收其他专业学科的教学内容和方法，努力构建现代大型体育内容系统与方法体系。

（四）现象学及其相关理论解读

1. 阿尔弗雷德·舒茨的理论贡献

自19世纪以来，实证主义研究一直处于社会哲学研究的前沿。针对这种情况，阿尔弗雷德·舒茨（AlfredSchutz）从韦伯对社会学的理解出发，冲破了实证主义的枷锁，创造性地运用胡塞尔现象学的观点和方法，革命性地构建了现象学社会学理论体系。舒茨反对实证主义社会学把"社会世界"与"自然世界"等同和按照自然科学模式研究社会现象及其过程的做法。他认为社会学研究的起点不是实证主义的"社会事实"，而是社会事实的意义；他主张社会学应在生活世界中，研究彼此的微观互动过程，了解社会结构、变化和性质。所以他也把自己的现象学社会学称为"生活世界构成的现象学"。

舒茨用"社会世界""日常生活世界"这类术语来总结人们生活和开展日常活动的具体社会环境。舒茨说，在这个社会环境中，每个正常的人都必须通过社会行动和有意义的沟通来相互影响和相互联系。舒茨的现象学理论是揭示每一个正常人的"生命世界"，也就是说，"我""他"是如何相互理解、沟通和达成观点一致的。因此，笔者将以现象学理论为逻辑起点，以舒茨的社会现象学理论为支撑，在

中国大学体育的教育功能的独特视角下进行讨论与研究。

2. 类型化、社会化及其教育的现象学解读

所谓的类型化，是指人们在日常生活中解释自己的行为以及他们之间使用的行为。类型化是现象学中非常重要的一个概念。阿尔弗雷德·舒茨认为，这是"人际关系的一种常见的经验形式"，理解是人们反映对方的意图。根据现象学理论，当一个人与其他个人互动时，个人将本能地解释其他个人行为的意义。不仅如此，个人会认为其他个人对自身也会有一种解释和解读的感觉。在这种情况下，相互意识的主体间性逐渐演变成一种类型化的经验。要特别指出的是，当人们社会化时，人们获得类型化的知识，并形成处理典型情况的具体行为。所谓社会化，是个人的社会生活——人的内在化。

具体来说，个人在社会实践中学习知识、技能和规范，如社会文化，适应社会生活，在社会中发挥积极作用，创造一个新的社会文化进程的动态过程。因此，在现象学中，因为类型化被看作是整个社会文化中存在的行动的基础，在这种类型化中，各种知识被认为是均一的、重复的，因此被共享。根据类型化逻辑可以得出结论，客观的社会结构、社会规范和各种社会文化活动可以被看作是意识中存在的类型化知识。只有当人们了解和掌握这些常见类型化的知识，才能相互沟通和理解。正因为如此，人们的交流与互动已经成为现象学的关注焦点和核心。

3. 现象学视阈下的大学体育教育功能

当下，"体育"一词在国内仍没有确切的定义，但学界都赞同实现体育是通过参加各种体育运动来发展体育，增强身体素质作为教育的主要任务。中国知名运动员方万邦指出："体育本身不是一个目的，而只是一种方法，或者一种工具，特别是为了实现教育的目的。"[①] 从较高层次来看，体育具有多种文化特色，是人类文明的积淀和遗产。作为先决条件，笔者认为，大学体育的教育功能体现文化教育和参与式教育两个方面。

（1）大学体育文化性的教育功能

大学生社会化本质上从一个生物人变为一个社会人，逐渐适应社会的过程。对于大学生体育教育，是通过对大学生训练进行各种运动，使其逐渐社会化进程。事

---

① 秦言多. 方万邦体育"六化"思想浅析. 兰台纵横，2013年第31期.

实上，在体育文化的深化期阶段，作为社会文化的重要组成部分，大学体育文化对大学生来说都有重要的影响。随着大学体育导向的不同，他们附加体育文化对学生的教育意义也有差异性。因此，在这种情况下，大学的体育文化比技术和技能对大学生的教育影响更大。

因为它不仅影响大学生的成长和发展，同时也通过培养体育意识和体育思想，为终身体育奠定基础。更重要的是，通过这种方式和途径，也可以使优秀的体育文化得到继承和繁荣。现代奥林匹克运动的创立者顾拜旦曾经将这一功能的运动文化概括为"美丽与尊严"。如果从这个维度开始，我们可以进一步发现，大学体育文化不仅是文化知识和经验的积累，而且是人文素养的培养。例如，在体育赛事的开幕式上观看美丽的体育艺术表演，或者在体育比赛中听到国歌时，大学生的灵魂不仅可以被净化，而且可以升华。

（2）大学体育参与性的教育功能

我国大学体育有四种主要的教育形式：体育课程，课外体育活动，运动队训练和体育比赛。从实施具体情况来看，大学体育对学生的教育功能不仅在整个学校体育教学和体育比赛等方面，而且还扩展到课外体育活动和校外运动（包括家庭体育、社会体育等）活动；从管理的角度来看，完整的大学体育，包括体育活动的决策过程、体育活动的组织、体育活动教学的实施等方面的过程。但无论哪种形式，都与大学生的积极参与密不可分。

可以看出，大学体育的参与式教育功能贯穿于大学体育的整个过程。现象学认为，社会中人与人之间沟通和理解的核心是与情境相互作用和共享的类型化知识。实践证明，在大学体育教育活动中，学生和学生，学生和教师，甚至是学生和家庭成员或社会成员，都始终处于沟通和互动的具体情境中。在这些交流与互动过程中，大学生不但了解体育游戏规则，而且了解到社会秩序的制约；不仅学习运动技巧，而且培养了社会生存能力；不仅积累了丰富的体育文化知识，而且积累了很多社会经验；不仅通过对视觉扩张的直觉理解，而且通过对书本知识的情感升华。他们的类型化知识是通过参与体育活动获得的。

①社会交往能力的习得

从长远来看，接受体育教育的大学生，是为了在未来的成功中发挥社会功能的作用。大学对家庭和社区功能的学生负有明确的责任。毫无疑问，大学中的同龄人

群是家庭以外的重要和亲密的学生群体，对学生的成长有重大的影响。正因为如此，作为大学生在中国大学体育教育和手段的重要组成部分，应该把能够培养学生的社会适应能力作为重要目标之一。

调查显示，大学体育活动中的参与行为为同伴群体关系提供了良好的学习机会；参与大学体育活动的过程决定了学生在体育活动中的相互作用和学生参与活动的相互作用程度，且与他们互动的广度呈正相关；这是参与培训他们社交交流技能和保障的基础。要特别指出的是，在大学体育活动中，教师必须引导学生积极参与，提高学生的社交交流能力。国内外的许多研究证实，大学生被动参与体育活动，其受教育程度和影响力小于积极参与体育教育活动的大学生，其社会交往能力也明显低于后者的。

②社会秩序的内化

在终极意义上，教育有技能的继承和秩序的内在化两个目标。相比之下，秩序的内在化比技能的继承更重要。作为大学生教育重要组成部分，大学体育运动的重要目标之一是大学生的体育参与率，体现了体育在技能继承和秩序内化过程中的重要作用和意义。无论是在体育课和课外体育活动中，还是运动队训练和体育比赛过程中，大学生参与的各式各样的体育活动，都是按照具体的规章制度或秩序，以及各种各样的人物特点，相互积极互动，这个过程不是静止的，而是动态的。

研究发现，这种参与能够促进大学生权威关系的处理和内化过程。通过体育活动，可以明显增加大学生的参与意识和参与能力。甚至可以说是通过这些高度参与的体育活动，使得大学生在短时间内获得更多的社会秩序知识成为可能。通过四年的体育教育活动，大学生不仅能掌握这些社会秩序，更重要的是要内化，在他们未来的行动中反映出来，然后成为具有良好的社会素质、良好的法律纪律的好公民。这不仅可以改善教师与学生的关系，而且可以使大学生顺利融入社会，为他们建设和谐文明社会打好基础。

（五）大学体育教育活动的特征

事实证明，大学体育不是一个普通的学习过程，而是具有特殊性。如果大学体育过程被视为观察教师示范活动或其他学生实践活动的视觉活动，以及通过观看体育活动"玩"等运动游戏，或通过自己积极参与各种体育运动锻炼进行"练习"，那么对于学生来说，"练习"比"玩"更重要。在"实践"中，学生不仅可以学习很多运动规则，更好地进行体育运动或参加体育比赛，还可以获得多种类型的社交游戏规则，即社交体验，并可以在社交互动过程中了解与许多内容有关的个人角色，从而可以大大提高其社会适应性。

研究发现，对于要通过社会化进入社会的大学生，让他们参与各种体育活动的互动过程更为重要和有趣。因为大学生通过体育活动中获取各种社会秩序和文化知识，积累文化经验，提高社群互动和社会互动能力的同时，也在各种体育活动中拓宽自己知识的视野，使身心素质的整体素质提高，使人生观、价值观、世界观都得到升华。更重要的是，对于个别学生，大学体育也有心理和行为方面的治疗或矫正功能。这对大学生漫漫人生道路或正确定位人生目标都是非常关键的。

1. 类型化社会知识的习得是大学体育教育的本质

现象学理论认为，社会个人的内在化和适应社会的过程，即获取和表现各种社会类型化知识的过程，是大学生获得这些类型化知识的重要途径和手段，是参与体育活动，学习体育教育文化。大学生处于社会化的关键阶段，大学体育的教育功能，即体育教育活动可以促进他们获得各种新类型的知识。

换句话说，大学体育教育的本质是让学生通过各种体育活动获得新的社会知识，为个人社会化的顺利进行和社会融合奠定良好的基础。研究表明，大学体育教育活动分为以文化为导向的大学体育教育活动和以技术为导向的大学体育教育活动这两种类型，它们会对学生的整体素质产生不同的影响。以技术为导向的大学体育教育活动可以促进学生参与上课、学习兴趣和获得运动技能，为实施终身体育提供良好的技术支持和持久的发动机；以文化为导向的大学体育教育活动可以满足学生对运动精神和奥林匹克精神的继承与发扬的渴望。而两者的结合可以大大满足学生的个人社会化需求，使他们在自己的"生活世界"或"社会世界"中充满热情，无所畏惧地前进，从而形成了对世界的良好愿望和强大的积极参与信仰。

众所周知，奥林匹克精神是将身体素质与精神方面结合在一起的平衡，使之成为改善生活理念的一种途径。它将体育运动与文化教育结合起来，创造的人生道路是以经验的乐趣、优秀榜样的教育价值观以及遵守基本道德原则为基础的。因此，从逻辑的出发点来看，我们可以发现，大学体育教育的本质和我们主张奥运精神有很高的适应性。从某种意义上说，大学体育教育的本质是让学生在奥林匹克精神的

指导下，在社会的大舞台上学习类型化社会知识，为创造自己的美好生活而努力奋斗。

2."入世"是大学体育教育活动的动机和目的

社会化，就是我们常说的"入世"，意味着大学生从心理、行为和精神等多方面融入社会。现象学认为，"入世"和"出世"是相对的，"出世"是指逃避社会压力、缓解心理紧张、进行放松、逃避社会现实的行为。实质上，随着成人通过体育活动放松，休闲的目的不同于学生在体育运动过程中的沟通与互动，大学生体育教育其实就是建构和获取一种类型化知识，也就是说社会化进程，这个过程是"出世"的序幕。

从我国现状来看，在大学生社会化的重要阶段，大学生需要在大学教育中获得大量的社会知识，这样才能为社会化做出储备。基于这种情况，他们更有兴趣通过体育活动参与社会互动，获得社会知识。在这里，体育活动可以获得具有重要调解功能的社会化知识，也就是强化"入世"的方针。研究小组进行的大量研究也证实了这一点。相反，成年人的体育活动，更多的是为了摆脱喧嚣世界，缓解"出世"的社会压力功能是最主要的。鉴于此，大学体育活动的内容和安排要符合大学生的年龄特征和社会需求，积极推动大学生社会化的进程，帮助他们尽快融入社会生活。

二、大学生体质健康测评

体育锻炼科学评价的概念与构成因素。体育锻炼科学评价的意义与目标；《国家学生体质健康标准》测评理念与内容、测试的方法和评价等级标准；大学生心理健康的标准和内容，大学生心理健康的测试方法及评价。

俗话说，"健身之道，运动为妙"。想要通过体育运动达到健身的效果，那么必须参与符合人体心灵的体育运动。大学生健康一般指大学生身体健康和心理健康两个方面。从狭义上说，大学生身体健康，身体运动和运动能力的综合表现是身体发育、生理功能、心理状态、身体素质、运动能力和对环境适应能力的表现，身体健康的大学生具有相对综合且稳定的疾病抵抗力。

（一）体育锻炼科学评价的定义及构成因素

体育锻炼科学评价是指利用所有可行的评估方法，通过系统收集信息和分析整理，从体育运动影响身体健康和心理健康的结果价值判断，在"健康第一"的思想指导下为自我完善和决策过程提供依据。

根据三维（生理、心理、社会）健康观，健康是指在遗传和获取的基础上人体的形态结构、生理功能和心理因素的综合，具有相对稳定的特点。这个影响因素是多方面、多层次的，其中遗传、营养和体育锻炼这三个方面在其中发挥了不可替代的作用。在形成过程中，健康有明显的个体差异和阶段特征。不同人群具有不同的健康特征，其差异主要体现在形态发育、生理功能、精神状态、身体素质、运动能力、适应环境和抗病能力等方面；从最好的状态到最严重的疾病和各种不同程度的功能障碍的多种不同程度水平。同时，在不同发育阶段，人体的健康状况不断发生变化，不同年龄阶段既有共同特征，也有各阶段的特殊性。健康的范围包括人体结构、生理功能和心理因素等。一个人的身体健康，通常表现为身体的形态结构、生理功能和心理因素的综合、相对稳定的状态，主要表现在以下五个方面。

（1）身体形态发育水平，即体形、姿态、营养状况、体格及身体成分等。

（2）生理功能水平，即机体新陈代谢水平以及各器官系统的工作能力。

（3）身体素质和运动能力发展水平，即心肺能力、柔韧性，肌肉力量和耐力、速度、爆发力、平衡、灵敏、协调、反应时间等素质，及走、跑、跳、投、攀爬等身体活动能力。

（4）心理发育水平，即本体感知能力、个性、意志等。

（5）适应能力，即对内外部环境条件的适应能力、应激能力和对疾病的抵抗能力。

这5个方面的状况决定了人们的不同健康水平。在健康测量与评价以及检查增强健康的实际效果时，必须看到健康的综合性特征，以及测量与评价的多指标性质。[①]

身体健康和心理健康属于同一类健康。从身体的角度来看，它倾向于身体的发展形态、生理功能、身体素质、运动能力和内外部环境，适应和抵御疾病的能力；

---

① 李月红，汪辉. 体能、体质、健康概念、范畴及其关系研究. 考试周刊，2009年第27期.

从心理的角度来看，它倾向于改善心理状态，克服心理障碍，调整情绪，体验运动中运动的乐趣和成功感；除了健康类别外，还包括身体健康和精神卫生领域，还强调环境（包括自然环境和社会环境）、心理卫生、对疾病的预防、卫生保健以及生活方式对健康的影响。

（二）体育锻炼科学评价的意义与目标

大学生体育锻炼的科学评价是高校体育工作的重要组成部分和整个学校教育评估体系两者的共同重要组成部分。通过建立全面、科学的学生健康评估体系，不仅为学生及时了解自己的健康状况，调整学习和锻炼目标做出了科学依据，同时，也为体育推广和体育教育工作的开展搭建了良好的宣传平台，这是自我意识的自我完善过程。更重要的是，通过评估可以让学生、家长、学校、社会及时了解学生的健康状况，吸引大家的关注和制定与调整学校和教育管理部门的学生健康发展政策，提供一个科学依据，使全社会重视学生的健康问题。因此，对大学生健康的正确合理评估，可以促进学校体育工作，对实施终身体育运动具有非常重要的意义。

体质健康评价目标是指能测试和评价体质健康状况，掌握有效提高身体素质、全面发展体能的知识与方法；能合理选择人体需要的健康营养食品；养成良好的行为习惯，形成健康的生活方式；具有健康的体魄。

（三）体育锻炼的科学评价指标

体育运动的科学评价指标是评估人们健康水平、健康教育工作计划和健康教育措施效果的基础。健康不仅是主观的，而且是客观现实。鉴于不同年龄、不同性别、不同地区和不同民族等健康评估标准不同，现在主要是基于健康和健康因素的概念，做出体育锻炼的科学评估。

个体评价指标：

（1）形态方面。包括身体生长发育方面的因素，如身高、体重、肩宽、胸围等。

（2）生理功能方面。包括生理机能方面的因素，如血压、脉搏、肺活量等。

（3）身体素质方面。包括力量、速度、灵敏、耐力和柔韧性等。

（4）心理健康方面。包括人格、智力、情绪、情感、意志品质等。如个性倾向性的动机、兴趣、爱好，个性心理特征的能力、性格、气质等。

（5）社会方面。包括道德修养、行为模式、生活方式、人际关系等。

（6）疾病状况。因疾病种类而异。

群体评价指标：

影响群体健康水平的因素很多，涉及面广，所以群体评价指标也是多方面的。

（1）卫生政策。①正式把健康教育和健康促进目标纳入政府卫生事业发展规划；②建立与健全健康教育协调组织；③制订地区健康教育规划；④建立与健全三级保健网；⑤形成健康为人人、人人为健康、人人参与的新局面。

（2）社会经济指标。①人口自然增长率；②人均国内生产总值；③15岁以下文盲率；④中小学入学率；⑤人均住房面积或住房平均人数；⑥大众传播媒介覆盖率；⑦其他（如每人年平均收入、就业率、人均供热量和卫生设备等）。

（3）预防性卫生服务指标。①人均卫生费用；②卫生费用占国民生产总值的比率；③每千人卫生人员数；④每千人保健人员数和医生人数；⑤各种卫生服务利用指标；⑥卫生保健知识水平。

（4）健康状况指标。①死亡统计指标；②出生生育指标；③生长发育指标；④疾病和健康缺陷指标；⑤行为因素指标；⑥其他（如自杀率、吸毒成瘾率、犯罪率、肥胖症率等）。

《国家学生体质健康标准》（以下简称《标准》）于2007年4月正式颁布实施。实施《标准》，加强素质教育，提高我国青少年的身体健康，促进亿万学生的发展，阳光体育运动将在此过程中发挥重要的积极作用。新颁布的《标准》突出了现代社会对健康的具体要求，实现了从"运动技术指标"向"健康指标"的转型测试指标，建立健康为主要指标的新评价体系，促进大学生良好的体育锻炼意识和行为习惯的养成，不断增强大学生的身体素质。

（四）大学生体质健康标准测评的理念

最新颁布的《标准》是教育部、国家体育总局根据《学生体质健康标准》试行5年来的实际情况和所出现的问题，结合2005年全国学生体质与健康的调研结果，对《学生体质健康标准》的完善和修订。《标准》以简单可行、结果可靠为目的，注重测试内容的代表性、公平性与合理性，同时也非常重视个体差异性，在部分评价指标的设置上采用指数法，以充分实现不同学生之间个体体制健康评价标准的差

异化。

（1）《标准》测评涉及身体形态和身体成分、心血管机能、力量、速度、耐力、柔韧性以及综合身体素质和运动能力等多个方面。身体成分是指脂肪和非脂肪成分在体重中的比例，可用于非常准确地评估身体状况。它通常表示为身体脂肪在体重中的百分比。

（2）《标准》评估方面与人们健康的每个特殊情况密切相关，每个测试内容都反映了人体健康的一个或多个要素。身体健康素质是与身体健康密切相关的一些要素，包括身体成分、循环系统功能、肌肉力量、耐力、柔韧性和运动能力。

（3）《标准》测评根据年龄、性别的不同而存在差异。

（4）《标准》测评的结果应着眼于大学生身体素质的进步与提高。

（5）《标准》测评结果的最终解释不仅仅是得了多少分，更是对学生身体健康素质、身体运动素质和运动能力现状的分析。身体运动素质是指人体在运动中体现出来的速度、力量、耐力、灵敏、柔韧性、平衡、协调等身体素质。

（6）《标准》测评的结果是可信的，它可以作为个人设定锻炼目标的依据。

（7）《标准》新增反映学生运动能力和综合身体素质的评价指标，在权重方面有一定的加大。

（8）《标准》对于进行科学锻炼可以明显改变其状况，特别是反映学生耐力素质的测试项目予以较大的权重，以提高它们在综合评价中的地位。

（五）大学生体质健康标准测评项目

根据《标准》要求，大学组测试项目为五类，身高与体重、肺活量为必测项目，其他三类测试项目各选测一项。

选测项目：

（1）台阶实验、1000米跑（男）、800米跑（女）。

（2）50米跑、立定跳远、跳绳、篮球运球、足球运球、排球垫球。

（3）坐位体前屈、握力、掷实心球、引体向上（男）、仰卧起坐（女）。

注：台阶实验与1000米跑（男）、800米跑（女）隔年交替测试。

（六）大学生体质健康标准的测试与等级评定

测试前两个月，各地市级行政部分依据《标准》公布选测项目。原则上，选择项目不能每年重复，是随机选择的。测试的具体实施则按人民教育出版社于2007年4月出版的《国家学生体质健康标准解读》有关要求进行。

各评价指标的满分为100分，根据最后得分评定等级。90分及以上为优秀，75～89分为良好，60～74分为及格，59分及以下为不及格。每学年评定一次并记入《国家学生体质健康标准登记卡》。只有测试成绩达到良好及以上的学生，方有资格参加三好学生、奖学金评选；成绩达到优秀的学生，方有资格获体育奖学分。

《标准》成绩不及格者，在本学年度准予补测一次，补测仍不及格，则学年《标准》成绩为不及格。普通高中、中等职业学校和普通高等学校学生毕业时，《标准》测试的成绩达不到50分者按肄业处理。属下列情况之一者，其《标准》成绩记为不及格，该学年《标准》成绩最高记为59分。①评价指标中400米（50米×8往返跑）、1000米跑（男）、800米跑（女）、台阶试验的得分达不到及格者。②体育课无故缺勤，一学年累计超过应出勤次数1/10者。因病或残疾学生，可向学校提交免予执行《标准》的申请，经医疗单位证明，体育教学部门核准后，可免予执行《标准》，并填写《免予执行〈国家学生体质健康标准〉申请表》，存入学生档案。对确实丧失运动能力、免予执行《标准》的残疾学生，仍可参加三好学生、奖学金、奖学分评选，毕业时，《标准》成绩可记为满分，但不评定等级。

（七）大学生体质健康标准各项目的具体测试方法

1. 身高

（1）测试目的：测试学生身高，与体重测试相配合，评定学生的身体匀称度，评价学生生长发育及营养状况的水平。

（2）场地器材：身高测量计。使用前应校对零点，以钢尺测量基准板平面至立柱前面红色画线的高度是否为10.0厘米，误差不得大于0.1厘米。同时应检查立柱是否垂直，连接处是否紧密，有无晃动，零件有无松脱等情况，并及时加以纠正。

（3）测试方法：受试者赤足，立正姿势站在身高计的底板上（上肢自然下垂，足跟并拢，足尖分开约成60°）。足跟、骶骨部及两肩胛区与立柱相接触，躯干自然

挺直，头部正直，耳屏上缘与眼眶下缘呈水平位。测试人员站在受试者右侧，将水平压板轻轻沿立柱下滑，轻压于受试者头顶。测试人员读数时，双眼应与压板水平面等高进行读数。记录员复述后进行记录。以厘米为单位，精确到小数点后一位。测试误差不得超过0.5厘米。

（4）注意事项

①身高计应选择平坦靠墙的地方放置，立柱的刻度尺应面向光源。

②严格掌握"三点靠立柱""两点呈水平"的测量姿势要求，测试人员读数时两眼一定与压板等高，两眼高于压板时要下蹲，低于压板时应垫高。

③水平压板与头部接触时，松紧要适度，头发蓬松者要压实，头顶的发辫、发结要放开，饰物要取下。

④读数完毕，立即将水平压板轻轻推向安全高度，以防碰坏。

⑤测量身高前，受试者应避免进行剧烈的体育活动和体力劳动。

2. 体重

（1）测试目的：测试学生的体重，与身高测试相配合，评定学生的身体匀称度，评价学生生长发育的水平及营养状况。

（2）场地器材：杠杆秤或电子体重计。使用前须检验其准确度和灵敏度。准确度要求误差不超过0.1%，即每百千克误差小于0.1千克。检验方法是：以备用的10千克、20千克、30千克标准砝码（或用等重标定重物代替）分别进行称量，检查指标读数与标准砝码误差是否在允许范围。灵敏度的检验方法是：置100克重砝码，观察刻度尺变化，如果刻度抬高了3毫米或游标向远移动0.1千克而刻度尺维持水平位时，则达到要求。

（3）测试方法：测试时，杠杆秤应放在平坦地面上，调整零点至刻度尺水平位。受试者赤足，男性受试者身着短裤；女性受试者身着短裤、短袖衫，站在秤台中央。测试人员放置适当砝码并移动游标至刻度尺平衡。读数以千克为单位，精确到小数点后一位。记录员复诵后将读数记录。测试误差不超过0.1千克。

（4）注意事项

①测量体重前，受试者不得进行剧烈体育活动和体力劳动。

②受试者站在秤台中央，上下杠杆秤动作要轻。

③每次使用杠杆秤时均需校正。测试人员每次读数前都应校对砝码重量避免

差错。

3. 台阶试验

（1）测试目的：测试学生在定量负荷后心率变化情况，评价学生的心血管机能。

（2）场地器材：台阶或凳子、节拍器（或录音机及磁带）、秒表、台阶实验仪。

（3）测试方法：男生用高40厘米台阶（或凳子），女生用高35厘米的台阶（或凳子）。测验前，测定安静时的脉搏，然后受试者做轻度的准备活动，主要是活动下肢关节。上、下台阶（或凳子）的频率是30次/分，因而节拍器的节律为120次/分（每上、下一次是四动）。受测者按节拍器的节律完成试验。

被测试者从预备姿势开始：①被测试者一只脚踏在台阶上；②踏台腿伸直呈台上站立；③先踏台的脚先下地；④还原成预备姿势。用2秒上、下一次的速度（按节拍器的节律来做）连续做3分钟。做完后，立刻坐在椅子上测量运动结束后的1分钟至15分钟、2分钟至25分钟、3分钟至35分钟的3次脉搏数。并用下列公式求得评定指数，计算结果包含有小数的，对小数点后的1位进行四舍五入取整后进行评分。

评定指数=踏台上、下的持续台上（秒）×100

2×3次测定脉搏的和

4. 注意事项

（1）心脏有病的不能测试。

（2）按2秒上、下一次的节奏进行。当受试者跟不上节奏时应及时提醒。如果三次跟不上节奏应停止测试，以免发生伤害事故。

（3）上、下台阶时，膝、髋关节都应伸直。

（4）被测试者不能自己测量脉搏。

（5）如果受试者不能完成3分钟的负荷运动，以实际上、下台阶的持续时间进行计算，计算公式和方法同上。

5. 肺活量

（1）测试目的：测试学生的肺通气功能，评价人体呼吸系统的功能状况。肺活量的大小与体重、身高、胸围等因素有着密切关系，为了使对学生身体发育的不同因素在呼吸系统的评价中得到体现，评价时采用肺活量体重指数。

（2）场地器材：电子肺活量计。

（3）测试方法：房间通风良好；使用干燥的一次性口嘴。肺活量计主机放置平稳桌面上，检查电源线及接口是否牢固，按工作键液晶屏显示"0"即表示机器进入工作状态，预热5分钟后测试为佳。

首先告知被测者不必紧张，以中等速度和力度尽全力吹气效果最好。令被测试者手持吹气口嘴，面对肺活量计站立试吹1~2次，首先看仪表有无反应，还要试口嘴或鼻处是否漏气，调整口嘴和用鼻夹（或自己捏鼻孔）；学会深吸气（避免耸肩提气，应该像闻花式地慢吸气）。测试时，受试者进行一两次较平日深一些的呼吸动作后，更深地吸一口气，向口嘴处慢慢呼出至不能再呼出为止，防止此时从口嘴处吸气，测试中不得中途二次吸气。吹气完毕后，液晶屏上最终显示的数字即为肺活量毫升值。每位受试者测3次，每次间隔15秒，记录3次数值，选取最大值作为测试结果。以毫升为单位，不保留小数。

6. 注意事项

（1）电子肺活量计计量部位的通畅和干燥是仪器准确的关键，吹气筒的导管必须在上方，以免口水或杂物堵住气道。

（2）每测试10人及测试完毕后，用干棉球及时清理和擦干气筒内部。严禁用水、酒精等任何液体冲洗气筒内部。

（3）导气管存放时不能弯折。

（4）定期校对仪器。

7. 50米跑

（1）测试目的：测试学生速度、灵敏素质及神经系统灵活性的发展水平。

（2）场地器材：50米直线跑道若干条，地面平坦，地质不限，跑道线要清楚。发令旗一面，口哨一个。秒表若干块（一道一表）。秒表使用前，应用标准秒表校正，每分钟误差不得超过0.2秒。标准秒表的选定，以北京时间为准，每小时误差不超过0.3秒。

（3）测试方法：受试者至少两人一组测试。站立起跑，受试者听到"跑"的口令后开始起跑。发令员在发出口令同时要摆动发令旗。计时员视旗动开表计时。受试者躯干部到达终点线的垂直面停表。以秒为单位记录测试成绩，精确到小数点后一位。小数点后第二位数按非"0"时则进1，如10.11秒读成10.2秒，并记录之。

（4）注意事项

①受试者测试最好穿运动鞋或平底布鞋，赤足亦可。但不得穿钉鞋、皮鞋、塑料凉鞋。

②发现有抢跑者，要当即召回重跑。

③如遇风时一律顺风跑。

8. 800米或1000米跑

（1）测试目的：测试学生耐力素质的发展水平，特别是心血管呼吸系统的机能及肌肉耐力。

（2）场地器材：400米、300米、200米田径场跑道，地质不限。也可使用其他不规则场地，但必须丈量准确，地面平坦。秒表若干块，使用前需要校正，要求同50米跑。

（3）测试方法：受测者至少两人一组进行测试，站立式起跑。当听到"跑"的口令后开始起跑。计时员看到旗动开表计时，当受试者的躯干部到达终点线垂直面时停表。以分、秒为单位记录测试成绩，不计小数。

（4）注意事项

①如果在非400米标准场地上测试，测试人员应向受试者报告剩余圈数，以免跑错距离。

②测试人员应告知受试者在跑完后应保持站立并缓缓走动，不要立刻坐下，以免发生意外。

③受试者不得穿皮鞋、塑料凉鞋、钉鞋参加测试。

④对分、秒进行换算时要细心，防止差错。

9. 立定跳远

（1）测试目的：测试学生下肢肌肉爆发力及身体协调能力的发展水平。

（2）场地器材：沙坑、丈量尺。沙面应与地面平齐。如无沙坑，可在土质松软的平地上进行。起跳线至沙坑近端不得少于30厘米。起跳地面要平坦，不得有坑凹。

（3）测试方法：受试者两脚自然分开站立，站在起跳线后，脚尖不得踩线（最好用线绳做起跳线）。两脚原地同时起跳，不得有垫步或连跳动作。丈量起跳线后缘至最近着地点后缘的垂直距离。每人试跳3次，记录其中成绩最好的一次。以厘

米为单位，不计小数。

（4）注意事项

①发现犯规时，此次成绩无效。3次试跳均无成绩者，再跳至取得成绩为止。

②可以赤足，但不得穿钉鞋、皮鞋、塑料凉鞋测试。

10. 掷实心球

（1）测试目的：测试学生的上肢爆发力。

（2）场地器材：长度在30米以上的平整场地一块，地质不限，在场地一端画一条直线作为起掷线。实心球若干，测试球重为2千克。

（3）测试方法：测试时。受试者站在起掷线后，两脚前后或左右开立，身体面对投掷方向，双手举球至头上方稍后仰，原地用力把球向前方掷出。如两脚前后开立投掷，球出手的同时后脚可向前迈出一步，但不得踩线。每人投掷3次，记录其中成绩最好的一次。记录以米为单位，取一位小数。

（4）注意事项

①丈量起掷线后缘至球着地点后缘之间的垂直距离。

②为了准确丈量成绩，应有专人负责观察实心球的着地点。

③发现踩线等犯规时，则此次成绩无效。

④3次均无成绩者，应允许再投，直至取得成绩为止。

11. 握力

（1）测试目的：测试学生上肢肌肉力量的发展水平。

（2）场地器材：电子握力计或弹簧式握力计。

（3）测试方法：受试者两脚自然分开呈直立姿势，两臂自然下垂。一手持握力计全力紧握（此时握力计不能接触衣服和身体）。记下握力计指针的刻度（或握力计所显示的数字）。用力手握两次，取最大值。记录以千克为单位，保留一位小数。

（4）注意事项：保持手臂自然下垂姿势，手心向内，不能触及衣服和身体。

12. 引体向上

（1）测试目的：测试学生上肢肌肉力量和耐力的发展水平。

（2）场地器材：高单杠或高横杠、杠粗以手能握住为准。

（3）测试方法：受试者跳起，双手正握杠，两手与肩同宽呈直臂垂悬。静止后，两臂同时用力引体（身体不能有附加动作），上拉到下颌超过横杠上缘为完成一次。记录引体次数。

（4）注意事项

①受试者应双手正握单杠，待身体静止后开始测试。

②引体向上时，身体不得做大的摆动，也不得借助其他附加动作撑起。

③两次引体向上的间隔时间超过10秒终止测试。

13. 坐位体前屈

（1）测试目的：测量学生在静止状态下的躯干、腰、髋等关节可能达到的活动幅度，主要反映这些部位关节、韧带、肌肉的伸展性和弹性及学生身体柔韧素质的发展水平。

（2）场地器材：坐位体前屈测试计。

（3）测试方法：受测者两腿伸直，两脚平蹬测试纵板坐在平地上，两脚分开10～15厘米，上体前屈，两臂伸直向前，用两手中指尖逐渐向前推动游标，直到不能前推为止。测试计的脚蹬纵板内沿平面为零点，向内为负值，向前为正值。记录以厘米为单位，保留一位小数。测试两次，取最好成绩。

（4）注意事项

①身体前屈，两臂向前推游标时两腿不能弯曲。

②受试者应匀速向前推动游标，不得突然发力。

14. 仰卧起坐

（1）测试目的：测试腹肌耐力。

（2）场地器材：垫子若干块（或代用品），铺放平坦。

（3）测试方法：受试者仰卧于垫上，两腿稍分开，屈膝成90°角左右，两手指交叉贴于脑后。另一同伴压住其踝关节，以便固定下肢。受试者起坐时，两肘触及或超过双膝为完成一次。仰卧时，两肩胛必须触垫。测试人员发出"开始"口令的同时开表计时，记录1分钟内完成次数。1分钟到时，受试者虽已坐起但肘关节未达到双膝者不计该次数，精确到个位。

（4）注意事项

①如发现受试者借用肘部撑垫或臀部起落的力量起坐时，该次不记数。

②测试过程中，观测人员应向受试者报数。

③受试者双脚必须放于垫上。

15. 跳绳

（1）测试目的：测试学生的下肢力量和身体协调能力。

（2）场地器材：地面平整、干净的场地一块，地质不限。主要测试器材包括秒表、发令哨、各种长度的跳绳若干条。

（3）测试方法：两人一组，一人测试，一人记数。受试者将绳的长短调至适宜长度，听到开始信号后开始跳绳，动作规格为正摇双脚跳绳，每跳跃一次且摇绳一回环（一周圈），计为一次。听到结束信号后停止，测试员报数并记录受试者在1分钟内的跳绳次数。测试单位为次。

（4）注意事项：测试过程中跳绳绊脚，除该次不计数外，应继续进行。

16. 篮球运球

（1）测试目的：测试学生综合身体素质和篮球运球基本技能水平。

（2）场地器材：测试场地长20米，宽7米，起点线后5米设置两列标志杆，标志杆距同侧边线3米。各排标志杆相距3米，共5排杆，全长20米，并列的两杆间隔1米。测试器材包括秒表（使用前应进行校正，要求同50米跑）、发令哨、30米卷尺、标志杆10根、篮球若干个。测试用球应符合国家标准。

（3）测试方法：受试者在起点线后持球站立，听到出发口令后，单手运球依次过杆，每次过杆时需换手运球。发令员发令后开表计时，受试者与球均返回起终点线时停表。每名受试者测两次，记录其中成绩最好的一次。以秒为单位记录测试成绩，精确到小数点后一位，小数点后第二位数非"0"时进1。

（4）注意事项

①测试中，篮球脱手后，如球仍在测试场地内，受试者可自行捡回，并在脱手处继续运球，不停表。

②测试过程中出现以下现象均属犯规行为，取消当次成绩：出发时抢跑、运球过程中双手同时触球、膝盖以下部位触球、漏绕标志杆、碰倒标志杆、人或球出测试区域、未按要求完成全程路线、通过终点时人球分离等。

③受试者有两次测试机会，两次犯规无成绩者可再测直至取得成绩。

17. 足球运球

（1）测试目的：测试学生综合身体素质和足球运球基本技能水平。

（2）场地器材：在坚实、平整的场地或足球场上进行，测试区域长30米，宽10

米，起点线至第一杆距离为5米，各杆间距5米，共设5根标志杆，标杆距两侧边线各5米。测试器材包括足球若干个（测试用球应符合国家标准），秒表（使用前应进行校正，要求同50米跑），30米卷尺，5根标志杆。

（3）测试方法：受试者站在起点线后准备，听到出发口令后开始向前运球依次过杆。受试者和球均越过终点线即为结束。发令员发令后开始计时，受试者与球均到达终点线时停表。每人跑两次，记录其中成绩最好的一次成绩。以秒为单位记录测试成绩，精确到小数点后一位。小数点后第二位数非"0"时进1。

（4）注意事项

①测试过程中出现以下现象均属犯规行为，取消当次成绩。出发时抢跑、漏绕标志杆、碰倒标志杆、故意手球、未按要求完成全程路线等。

②受试者有两次测试机会，两次犯规无成绩者可再测直至取得成绩。

18. 排球垫球

（1）测试目的：测试学生综合身体素质和排球基本技能水平。

（2）场地器材：在坚实、平坦的场地或排球场上进行，测试区域为每人3米×3米。测试器材为排球。测试用球应符合有关国家标准。

（3）测试方法：受试者在规定的测试区域内原地将球抛起，个人连续正面双手垫球，要求手形正确、击球部位准确、达到规定的高度，球落地即为测试结束，按次计数。受试者每次垫球应达到的高度，大学男生为2.43米，大学女生为2.24米。每名受试者测试两次，记录其中成绩最好的一次。测试单位为次。

（4）注意事项

①测试过程中如出现以下现象均只作为调整，不计次数：采用传球等其他方式触球、测试区域之外触球、垫球高度不足等。

②为方便判定垫球高度，可将排球场的球网调整到相应的高度，或者在测试区域外相距0.5米处插两根标杆，标杆顶端用橡皮筋或标志线相连，将标杆调整到相应的高度，测试时，通过比较垫球的高度与球网或标志线的高度进行判定。

心理健康测评，就是通过观察人的少数有代表性的行为，对反映在人的行为活动中的心理特征，依照确定的原则进行推论和量化分析的一种科学手段。心理特征要通过测量人的行为来实现，从行为测量中推知心理特征，但心理测量的结果不能绝对化。

（八）大学生心理健康的内容

心理健康是指个人心理在自身和社会环境中的权限范围内实现良好的适应和最佳的功能状态。心理健康至少包括以下两个方面。

1. 能够适应环境，与周围环境保持协调

适应环境，包括适应自然环境（如季节性、气候变化等），适应社会环境（如正常学习和工作，可以与人互动，可以处理各种人际关系等）。适应力强是大学生心理健康的主要特点，应具备适应学校自然环境的良好能力，可以与社会保持良好接触，能正确认识社会，了解社会，心理行为可以顺应社会文化进步的趋势。当他们的需求和愿望和社会需要冲突和冲突时，可以迅速实现自律和修改，寻求与社会的和谐。

2. 心理状态要达到良好的功能状态

心理状态是指在处理事情过程中的理解、情绪、意志等心理活动，并持续出现相对稳定的状态。例如，认知时的聚精会神，思考时的大脑灵动，意志过程中的信心过程是心理状态的典型。通常心理状态是一个人在一定时间内进行各种心理活动的综合表现。简而言之，心理健康的人的心理状态往往处于正面或良好的功能状态。

（九）大学生心理健康标准

国内对于心理健康的标准尚没有确切的定义，只是作为不健康的相对面。在此依据国内外学者的观念，并结合实际情况，总结以下几个方面。

1. 了解自我，悦纳自我

心理健康的人可以体验自己存在的价值，具有自知之明。心理健康的学生能够了解自己，接受自己，并作出正确的自我评价，既不傲慢又能做好自己本职工作，也能够有抓住发展机会的信心，努力发展自己的潜力，即使他们无法补救缺陷，也能坦然接受现实。心理上不健康的人缺乏自我认知，从未满意过自己的现状，因为他们给自己定的目标和理想是不现实的，主客观的距离太远，所以他们总是自怨自艾，现实结果总是和自己的精神状态永远不能平衡，不能摆脱自己的心理危机。

2. 正常的智力，健全的意志

智力正常是心理状态最基础的条件，也是心理健康的重要标准。心理健康的大学生应该有明确的目的，具有强烈的求知欲和向上心，愿意学习和工作，最大限度地发挥自己的潜力，自觉发展自己的观察力、想象力、记忆力和思维能力等；发展自己的非智力因素，如培养学习兴趣，增强学习动机，捕捉学习灵感，提高学习技能，注重智力保健。

3. 心理行为符合年龄特征

不同年龄段会有不同的心理行为模式，因此心理行为具有阶段性。心理健康意识、情感、言语行为都要符合其年龄的要求，心理健康的学生具有年轻人的活力和朝气，勤奋学习，快速反应，勇于探索。如果一个人的心理行为不符合其年龄段的特征，就会出现心理不健康的表现。

4. 良好的环境适应能力

环境适应性包括对环境的正确认识和个人与环境关系的处理。心理健康的学生在环境变化中可以直面现实，并作出客观的理解和评价，使个人行为迅速适应新环境的要求；和社会保持良好的接触，了解社会生活中的不利影响；并据此作出需求和愿望的修正，使他们的思想意识、行为习惯和社会要求具有一致性。

5. 协调与控制情绪，心境良好

情绪会影响健康、工作效率和人际关系。心理健康的人心情稳定，拥有积极向上的心情，控制好自己的快乐和悲伤情绪；能够胜不骄、败不馁，能理性地调整和控制自己的情绪，不怕遇到挫折和失败，不要做情绪的附属品。在社会互动中既不傲慢，也不要退缩，知足常乐，不贪婪不强求，在社会允许范围内满足自己的各种需要；可以满意于现实一切，心情总是保持开朗、乐观。总之，大学生的心理健康应该在理解、情感、意志等心理活动上相互协调，保持良好的功能状态。

6. 完整和谐的人格

人格指人的整体精神面貌，构成人格的各个要素均衡发展就代表一个人的人格完整。心理健康的学生为人处世是温和灵活的，不会受外界刺激而产生不适宜的情绪和行为；符合社会发展步伐，和集体一体化，以积极的人生观，作为自己的需求、愿望、目标和行为的中心。

7. 接受现实生活，贮存知识

心理健康的人可以面对生活，接受现实。积极参与生活，享受生活中的享受乐趣，不会认为生活是负担。周围的事物和环境可以作为一种乐趣而不是负担，对自己的工作进行客观的理解和评价；而且还能积累有用的信息，比如工作的知识和技能，克服学习困难，可以保持一定的学习效率，体验学习和生活中的满足与愉悦。

8. 善与人相处，乐于合作共事

人际关系可以最好地反映人们的心理健康程度。心理健康的学生愿意与他人互动，不仅能接受自己，而且能接受他人，愿意与他人合作，认识他人存在的重要性和作用。可以分享、接受并给予爱与友谊，与集体保持和谐的相处关系，可以与他人共同合作，乐于帮助有困难的人。如果人际关系不和谐，总是与集体、周围的人有冲突，经常发生争执，或恐惧与人接触，这就是有心理障碍的表现。

9. 具有生存意识、竞争意识和创新意识

真正的社会是一个充满竞争的世界，具有物竞天择、优胜劣汰不可逆转的大趋势。可以说，整个人才市场是一个竞争激烈的市场。大学生应该有一种危机感，有生存感，在竞争中生存下去，在创新中生存下去。那种嫉妒别人才能又不敢毛遂自荐，墨守成规，没有思想进取的意识，是有害于当代大学生的心理健康的。当然，在激烈的竞争中，大学生必然会遇到各种各样的障碍和挫折，这就需要有理性分析挫折原因的能力，通过自我调整或者寻求心理咨询，及时解决心理问题，使心理活动始终如一地保持健康水平。

三、大学生日常锻炼情况

（一）大学生体育锻炼现状及分析

1. 背景

生命在于运动。

关于健康有一个格言：地位是临时的，荣誉是过去的，金钱是身外的，也只有健康是自己的。现在大学生身体素质越来越差，受教育程度越高的人，身体素质普遍较差。据调查，科学家的平均寿命只有55岁，对我们的科学事业来说是一个很大的损失。

大学生拥有健康的体魄是一个民族旺盛生命力的体现，是良好精神面貌的体现，是为祖国为人民服务的坚强保障和先决条件。提高当代大学生对身体健康意识重要性的认识，认识和了解身体活动对身体健康和健康身体对自身未来发展的重要影响，使当代大学生自发锻炼，实现健康成长。

最近媒体报道了众多大学生体育运动时猝死的案件，这反映出当代大学生身体状况令人担忧。体育教育是道德教育的载体，身体好应该是第一位，所以要通过体育教育增强大学生的健康意识；提高大学体育运动的参与率，培养大学生对体育运动的正确认知和兴趣爱好，让学生能够有自我运动和终身体育的意识。毛主席曾向全国人民提出"发展体育运动，增强人民体质"的号召，今天看来仍然有现实指导意义。

2. 研究对象

这一调查是随机抽取了某校100位在校大学生（男生52名，女生48名）作为研究对象。

3. 研究方法

（1）文献资料法

通过利用图书馆及中国知网等方式，查阅了近年来有关大学生体育锻炼的材料。

（2）调查问卷法

通过问卷调查来获得本研究相关的资料。

4. 研究结果与分析

（1）某校大学生体育锻炼动机分析

调查显示，某校大学生的体育动机具有多样化特征，但主要是以提高身体素质为主，此类学生占比60%。这表明大部分学生逐渐意识到身体素质的重要性，打算通过体育锻炼提高自身健康水平。在调查中我们发现，兴趣是提高身体素质外的第二大动机，也就是说体育锻炼在一定程度上是由大学生的兴趣引起，对体育活动的兴趣深深吸引大学生参与体育运动。另外，交友、休闲、娱乐也是大学生参与运动

的动机，表明在社会宣传等因素的影响下，大学生对体育运动的功能有很好的了解，认识到体育运动除了提高身体素质外，还有很多功能，这有利于终身体育工作的开展。

（2）某校大学生体育锻炼频数分析

调查显示，大学生在每周健身的频率上差异性十分显著，三成的大学生每周锻炼1～2次，24%的大学生每周锻炼3～4次，只有18%的大学生每周锻炼5次以上，当然还有近三成的大学生每周零次锻炼身体。这就是说，大学生参与体育锻炼的次数在总体上是比较低的。

（3）某校大学生体育锻炼持续时间分析

在锻炼的持续时间上，也是问题重重，16%的大学生每次坚持锻炼60分钟以上，20%的大学生坚持30～60分钟，超半数的人每次锻炼都不超过30分钟。据有关研究显示，最合适的运动时间是每次30～60分钟，这也就是说，只有20%的人是符合规定的。

（4）某校大学生现在的运动量分析

调查显示，有75%的大学生运动量反而不如从前，只有15%的学生运动量有所上升，这亟须引起学校的重视。

5. 结论与建议

（1）某校的大部分学生能够认识到锻炼的意义，并且能够主动地去锻炼身体，但是锻炼的次数和时间都比较少，达不到很好的效果。

（2）少数大学生仍然没有意识到锻炼的重要性，缺乏相关的体育锻炼知识。

（3）建议

①对学校的建议

a. 某校应大力加强体育锻炼教育，加大宣传力度，引导学生树立正确的体育锻炼观。

b. 进一步深化体育教学改革，提升大学生参加体育活动的自觉性和积极性。

c. 进一步提高师资队伍的专业素养，用科学的体育锻炼方法引导学生进行有效的体育锻炼。

②对个人的建议

从深层次上认识到体育对人体的重要作用，自觉、主动地积极参与体育锻炼，为未来工作、参与社会生活奠定坚实的基础，发展自主运动的兴趣和习惯。

③在国际上关于健康有一个维多利亚宣言，此宣言提出了三个里程碑：一是平衡饮食；二是有氧运动；三是心理状态。

我们的这个课题只讲一下有氧运动。有氧运动，是最经济最有效的运动，是在运动以后，可以增强体内氧气的吸入、运输和利用，具有耐久性。

有氧运动的要点：

a. 强度。一定是中强度，也叫轻体育。运动不要太剧烈，稍微出汗、气喘就可以。

b. 频率。国际规定每天的运动量以半小时到一小时最为合适。一个星期三次到五次。

c. 哪些是有氧运动。最理想的有氧运动是散步和慢跑，还包括骑自行车、游泳、跳舞、跳绳、太极拳、健美操、踢毽子、打羽毛球等。

d. 有氧运动时不能一心二用，不能有两个兴奋点，不能突停，要逐渐停下来，按心跳掌握。

（二）我国现代体育的现状与发展困境

1. 我国现代体育的现状

（1）学校体育在社会、家庭、学校并没有得到充分的重视

在教育的整个过程中，无论是社会、家庭还是学校，都没有充分意识到学校体育教育对学生终身体育意识培养的重要性，也可以说，即使认为学校体育教育对学生的健康发展有一定的重要意义，但也没有把学校体育教育作为重点关注对象。学校体育教育尚未得到充分发展，主要原因在于，学校领导没有足够重视学校体育教育，使得学校体育教育在整个教育体系中无立足之地。我们倡导教育质量是要求学生提高整体素质，但在学校课程中，体育运动不要花太多时间，就是学校体育在学校整体发展规划和学生发展的整个过程中无立足之地。在学校体育发展过程中，内外因素限制了学校体育的发展，如缺乏学校体育场馆、资金不足、运动器材管理不善、师资队伍匮乏等。

全国政协委员、原商务部副部长廖晓淇列出一组数字：全国义务教育学校音体美教师全额总数为67万人，中西部地区缺额为50万人。体育教学器材装备也普遍

不足，体育器材配备达标学校比例分别为：小学体育50%；初中体育66%。^① 我们教育的现状决定了我们一方面在促进素质教育方面；另一方面，我们又不约而同地保护应试教育，一切问题以应试教育为先。作为学校体育教育，往往只有和考试成绩密切关联的时候，社会、家庭和学校才会开始重视，认识到它的重要性。

政府、社会和学校对学校体育教育的关注直接影响学校体育教育的发展。政府是这个过程的决策者，社会是这个过程中的监督者和推动者，学校是实行学校体育教育者。只有三者各司其职，学校体育教育工作才能顺利地突飞猛进，营造良好的体育运动氛围，关注学生的身心健康。

（2）竞技体育的功利性和现行体制制约其发展

竞技体育以赢得对手、赢得最终目标为胜利。如果我们盲目重视输赢结果，势必让参赛者有不达目的誓不罢休，甚至不择手段的，为取得胜利违反职业道德。比如一些现代竞技体育比赛，完全失去了比赛的本质。竞赛的初衷是让参赛者享受比赛的过程，相互学习，相互切磋。因为竞技体育的特殊性，有的人过度追求个人利益，导致体育竞赛失去原有的意义，使竞技体育恶化。中国目前的竞技体育管理体系也限制了竞技体育的发展。中国竞争激烈的体育管理体制是在政府的指导下，为了取得优秀的国际重大比赛成绩（特别是奥运会优秀成绩），以主要省市的垂直管理为独立个体存在，省、市之间的横向联系必将导致省、市自主发展，造成资源浪费和冲突，阻碍省、市相互学习和交流，形成省、市"闭门造车"现象。据统计，我国竞技体育后备人才1996年有约30万人，1999年有约15万人，减少了约15万人（约50%）；竞技体育的一线、三线运动员相对减少，而二线运动员相对较多，一、二、三线运动员的配置处于失衡状态。^②

（3）社会体育缺乏系统科学的理论指导

社会体育不同于高水平竞技体育的比赛目的，也不同于学生体育教育的面貌。社会体育贯穿每个人的生活，在每个人的生活中，大部分时间都会参与体育运动。与此同时，由于参与社会体育活动非常广泛，参与者正在努力保持运动规律，参与社会体育活动的人们所花费的社交时间总体上是世界上任何文化活动无法比拟

---

① 廖晓淇：加大学校体育设施投入 关注青少年健康. 中国网2012年3月12日，http://www.china.com.cn/node_7064072/content_24875441.htm。

② 宋辉. 教育学视野下中国现代体育的现状与发展. 中北大学学报（社会科学版），2014年.

的。 即使社会体育在整个社会发展过程中也具有重要的独特地位，但由于其发展过程短暂，时至今日，在这个阶段没有一套系统的科学理论来指导其发展、探索前进的舞台。

目前，我国社会体育指导员的数量和社会体育教育的需求远不成正比，平均约4000人拥有1名社会体育指导员，京、津、沪等经济领先城市比例相对较高。依据《社会体育指导员现状调查》所提供的数字，初中及以下文化程度的社会体育指导员平均占社会体育指导员总数的18.1%，而大专以上体育专业毕业的社会体育指导员仅占总数的13.87%，占所比例最高的是高中非体育专业的社会体育指导员，高达36.1%。所以，从总体上说，我国社会体育指导员文化程度偏低，严重缺乏高学历及体育专业的社会体育指导员。[1]

2. 优先发展学校体育的现实意义

我国现代体育事业的发展有必要摆脱困境，从根本上找出解决问题的途径。要加大培养各类体育人才的力度，为现代体育事业注入新的活力，促进现代体育事业的发展。学校运动是中国现代运动的基础，也是从根本上改变现代体育的观念，实现中国现代体育的可持续发展。

（1）转变现代体育发展观的关键在于学校体育的优先发展

我国现行的教育制度，导致学校教育的理论指导和实践活动之间的脱节，这个问题普遍存在于中国各类教育中，这个问题也阻碍了中国学校体育教育的发展。学校体育发展有两个主要观点：一是简单的体能锻炼，是开展学校体育的主要方式；二是通过学校运动和道德教育、智力教育等，提高学生素质，学生思考。在实际操作层面上，学校体育如道德教育、审美教育一样不被重视，被考试成绩所湮没。现在，面对日益激烈的全国性竞争，我们必须改变学校体育教育理念，构建和谐发展模式。只有优先发展学校体育，才能使我们的思想得到人们的认可和支持。学校运动的优先发展一方面可以使学生从本质上认识体育的重要性；另一方面可以改变人们对学校运动的认识，从根本上了解学校体育。

---

① 姜健. 我国社会体育指导员发展现状与对策研究. 价值工程，2012年.

（2）学校体育优先发展可以促进现代体育的可持续发展及其各组成部分的和谐共存

缺少各种体育人才是学校体育发展的瓶颈，为了从根本上解决问题，不能没有人才的培养，人才培养离不开教育，特别是高校体育专业。新中国成立后，我国对高校体育人才培养进行了两大调整，培育了不同时期的合格人才。学校体育培训专业人才是着眼于当前和未来发展的需求，既要满足社会对竞技人才的需求，又要提高社会体育发展水平的指导，从而促进可持续发展现代运动。发展学校运动，确保学校体育教育的完成；培养高素质的竞技体育人才，不仅能够满足竞技体育比赛的需求，而且可以提升竞争的规格，体现竞争优势的运动人才素质；在社会体育指导员的社会理论中，将社会体育发展转化为新鲜活力的能量。因此，学校体育的优先发展可以促进现代体育的可持续发展和各个部分的和谐共处。

3. 学校体育如何优先发展

（1）转变观念，使学校体育向生活化、个性化方向发展

中国目前的学校体育教育存在很大的缺陷，现代教育观念要求我们学校体育教育要满足社会发展需求，适应个人发展。因此，学校体育教育要符合时代要求，按照每个人的发展需要，单调无聊的技术进入各种主观体育活动，使学校体育与生活结合在一起，结合个人特点，实现综合教育功能。此外，学校体育的优先发展必须促进全面体育教育，实现教育人的功能，实现社会价值。

（2）加大高校的培养力度，达到社会对现代体育专业人才的需求

目前，影响和制约我国现代体育发展的关键问题在于缺乏职业体育人才，导致对现代体育的片面认识。如果这个问题不能引起足够的重视，我国现代体育事业的发展一定会很困难。我们如何发展职业学校的体育人才？ 最直接的办法是增加体育院校相关的大学体育机构，加大高校体育专业人才的培养，满足现代体育专业人士的社会需求。

同时重视高校体育专业人才的培养，关注和解决中国现代体育的问题。现代体育的发展不仅要依靠外力来推动，而且要依靠自己的内在动力。目前，我国现代体育的内部问题主要是发展现代体育专业区域不平衡、专业发展方向等问题。为了解决这些问题，首先考虑的是从宏观调整现代体育的区域位置，在中西部地区可以适当增加数量，根据具体情况扩大规模；其次是从纵向到深化、拓展、完善现代体育

人才培养方向，人才结构相对合理，能够在各个层面上有所涉及。只有真正做到上述两个方面，发展现代体育才能形成自己的优势和特点，真正适应现代社会的发展，才有可能为未来的社会发展提供需求。

（3）以新课程改革为切入点，全面推进学校体育

学校一直奉行同样的教育体系，在新课改中，学生的积极性和主动性成为更为关注的方面，不再单方面专注于学生的成绩，而是把教育重心转为学生的身心发展。这是一个新的概念，是发展现代体育的新机会。学校要做的就是让现代体育充分渗透到学生的学习生活中。

在制订教学计划时，学校将现代体育纳入学校的整体课程安排中，让学生能够在课堂上了解现代体育运动。他们还可以充分利用课外体育活动和体育锻炼，开展现代体育运动，使学生能够深入了解和理解现代体育运动。在这样的气氛中，学生不仅要学习逐步提高对现代体育运动的认识，还可以进行全面的科学教育。简而言之，现代体育的主体是每一个人，只有当人们从现代体育的变迁理解到现代体育的转变的本质，重新认识和理解现代体育的作用和意义，从根本上寻找中国现代体育的发展出路。

但是，更新和变革的理念就是要提高文化主体的素质来实现，只有通过教育才能提高人们的素质。只有优先发展学校体育，普及人们对现代体育的了解，培养社会各界需要的各种体育专业人才，才能使现代体育具有固有的发展动力，使现代体育走上可持续发展的道路。中华民族依靠每个人的发展来强化自己，只有尊重每一个人的教育，才是中华民族教育的真正需要。我们可以汲取和吸收优秀的外国教育观念和方法，而且还应该保持我们独特的民族元素，使现代体育在多样性和可持续性中发展，使中国的体育更科学、更普遍化和具有生活气息。

教育学是基于教育现象和教育问题，总结人类教育活动的科学理论和实践，探索，了解决教育活动和发展过程中遇到的实际教育问题，揭示普通教育科学社会的发展规律。

（三）大学生日常体育锻炼现状调查总结报告

体育锻炼是每个大学生日常生活中不可或缺的一部分。为了全面了解大学生的日常体育活动，我们进行了调查。对某校不同性别、不同年级学生抽样调查，显示

出大学生体育锻炼态度上不同性别、不同年级的大学生的态度差异性。

现代社会是一个激烈竞争的社会，人才素质方面有更高的社会要求。作为培养高素质人才的基地，学校体育教育同样面临严峻考验。如何培养和提高学生对运动的兴趣，使他们有意识地主动参与体育运动，从体育知识、运动方法、终身体育中学习，是学校体育教育的重要任务。现代社会的社会活动日益多样化，当代大学生的日常活动有多种多样的选择。据研究，大学生身体健康不容乐观，如体力下降、易生病等。这不仅影响了目前对大学生的学习，而且对他们未来事业的影响也不容忽视。因此，我们想通过这项研究，使大学生重视体育运动。

1. 研究基础

（1）已有的研究基础

通过对东北师范大学学生体育锻炼现状的调查分析，笔者从大学生态度和体育锻炼的认知度、体育项目和动机等方面分析了大学生体育锻炼情况。通过分析学生对运动的兴趣爱好，发现男学生对运动的兴趣比女学生高。通过数据选择大学生运动方式和地点，可以总结出学校环境对学生体育运动的影响很大。最后分析影响大学生运动的因素，并提出相应的建议。

（2）本文的研究基础

这项研究是基于我们学校的所有学生。本研究的目的是了解体育教育情况和我们大学生体育活动存在的问题。通过问卷调查统计可以意识到对当代大学生体育运动的影响有很多物理因素，有学生自己的因素，有外部因素，如学校体育设施。从调查结果来看，大学生体育运动的意识要加强，应鼓励学生锻炼身体。

2. 研究方法

本课题的研究采用问卷法（网上问卷调查和书面问卷调查相结合）。问题类型以单项选择式为主，即调查者每题只能选出一个答案来。

我们的问卷结构是：①学生日常锻炼的当前情况；②学生日常锻炼的各方面限制；③学生对日常锻炼的态度。

3. 研究结果

某校大学生体育锻炼现状。

关于某校大学生体育锻炼现状方面的问题在问卷中共涉及3个方面。

（1）基本锻炼现状

①某校大学生身体健康状况

大学生是祖国的希望，是未来社会的主力军，然而近些年来，我国大学生的多项体质监测结果呈逐年下降趋势，身体状况令人担忧。为了解我校大学生身体健康状况，我们从总体、性别、年级来进行调查分析（见表1、表2、表3、表4）。

表1　某校大学生对身体健康状况的自评

选项	70以下	70~80	80~90	90~100
百分比	8.5%	38%	37%	16.5%

从表1可见，某校绝大多数大学生比较满意自己的身体健康状况，并评分70～90分，也有小部分同学非常满意自己的身体健康状况和小部分同学不满意自己的身体健康状况。

表2　从性别方面分析某校大学生对自己身体健康状况的评分

选项	70以下	70~80	80~90	90~100
男	3.30%	23.30%	51.70%	21.70%
女	10%	40.70%	34.30%	15%

表3　从年级方面分析某校大学生对自己身体健康状况的评分

选项	70以下	70~80	80~90	90~100
大一	4.10%	15.40%	4.70%	7.40%
大二	36.70%	38.50%	46.50%	25.90%
大三	38.80%	34.60%	41.90%	40.70%
大四	20.40%	11.50%	6.90%	26%

从表2可见，性别差异较为明显，80以下的女生数量高于男生，而80以上的男生数量高于女生，这说明男生更对自己的身体健康状况感觉良好。

从表3可见，年级差异较为明显。对自己身体健康状况不够满意的人集中在大学二年级。大一学生最为满意自己的身体健康状况。

②某校大学生体育锻炼方式

某校大学生有多种多样的体育锻炼方式。因此，我们从整体、性别方面展开调查分析。

表4　某校大学生体育锻炼方式

选项	球类	跑步	健美操	游泳
百分比	35%	55.50%	9%	0.50%

表5　从性别方面分析某校大学生体育锻炼方式

选项	球类	跑步	健美操	游泳
男	65%	30%	5%	0%
女	29.30%	60.70%	10%	0%

从表4可见，球类和跑步是最受某校大学生欢迎的体育锻炼方式。

从表5可见，男生更喜欢球类运动，跑步最受女生喜欢，也有部分女生选择健美操。

③某校大学生体育锻炼的时长和次数

每个人每次锻炼的时间长度和每周锻炼的频率也是不同的。

表6　某校大学生体育锻炼的时长

选项	半小时以内	半小时到一小时	一小时到两小时	两小时以上
百分比	44%	34.50%	14.50%	7%

表7　某校大学生每周体育锻炼的次数

选项	0次	不定时	2～3次	每天
百分比	13.5%	66%	14%	6.5%

从表6可见，某校大学生体育锻炼时长多在半小时以内和半小时到一小时。

从表7可见，近七成的大学生每周锻炼频率不定，仅有6.5%的人每天锻炼，还有少部分人从来都不锻炼。

（2）影响锻炼的因素

①某校相关体育设施质量

问题1：我校相关体育设施质量。

从调查结果1可以看出，学校的体育设施只能让学生勉强接受，但也有相当数量的学生感觉很差，只有极少数学生对我们的体育设施质量感到满意。这说明学校的体育设施还没有完善，这直接影响到学生体育运动的积极性和主动性。滞后的体育设施也与许多运动的发展直接相关。

②最能影响锻炼的因素

问题2：最能影响锻炼的因素。

从调查结果2可以看出，每个选项的数量比较平均，选择学习或其他事情，没有时间稍微多一点儿。其次没有人陪同，有一些学生对运动不感兴趣。有几个学生认为这是设施和场地的问题。

③学习工作忙碌时，怎样安排运动锻炼

问题3：学习工作忙碌时，怎样安排运动锻炼。

表8　学习工作忙碌时，怎样安排运动锻炼

选项	挤时间来锻炼	以当时的心情等因素决定	减少锻炼	其他
百分比	9.0%	57.0%	25.5%	8.5%

由问题3、表8可以看出，近六成的学生以心情决定是否进行体育锻炼。这题与上题不谋而合，25.5%的学生选择减少锻炼，只有9%的学生会挤时间锻炼。

（3）基本态度

①从硬件设施方面看某校大学生对日常体育锻炼所持的态度

问题4：假设硬件设施减少，是否会因此减少体育锻炼时间。

从问题4可见，认为硬件设施对大学生日常体育锻炼的影响较大的有64%的学生。由此可见，校方应加强和重视对体育锻炼硬件设施的建设，以促进学生日常体育运动的积极性和主动性。

②从体育锻炼的目的看某校大学生对日常体育锻炼所持的态度

问题5：您想通过体育锻炼获得什么。

从调查结果5可见，超过一半的学生进行体育锻炼的目的是为了增强体质。其

次是为了减肥，为了兴趣和打发时间。

表9　你想通过体育锻炼获得什么

选项	兴趣爱好的满足	减肥、增强体质	打发时间
大一	46.90%	18.40%	3%
大二	42.30%	19.20%	0%
大三	60.50%	13.90%	2.30%
大四	63%	18.50%	5.50%

从表9可见，大四学生主要希望通过体育锻炼来增强体质。在这个体育动机上，大二学生所占比例最小，为42.3%。以打发时间为目的的体育锻炼目的在各个年级比例都很小，其中大二所占比重为0。

综上所述，某校大学生普遍以增强体质为日常体育锻炼的目的。

③从对当代大学生体能素质现状的态度和对自身运动情况方面分析

问题6：如何看待当代大学生体能素质现状。

从调查结果6可见，六成学生认识到当代大学生体能素质差的现状，也有少部分学生持无所谓的态度。

问题7：对于目前自己参加运动的情况是否满意。

从问题7可见，绝大多数学生对自身参加运动的情况表示满意，两成的学生表示不满意、总体来说，某校大学生对自身体能素质状况自我感觉良好。

④从对运动本身的态度分析

问题8：您觉得运动是一件重要的事情吗?

从调查结果可见，七成学生赞同运动是一件重要的事情，当然也有2%的学生认为运动可有可无。

问题9：您对"每天锻炼一小时，健康工作五十年"的看法是什么。

由调查结果9可见，有88%的学生赞同该说法，9%的学生表示无所谓，有3%的学生持反对意见。也就是说，乐观态度居多，但也存在悲观或不关心态度。

4. 研究结论和建议

（1）研究结论

在大学生身体健康调查中，发现我们的学生对身体状况自我感觉良好。另外，我们还发现，男生比女生更满意于自己的身体健康状况。二年级学生比其他年级的学生对自己的健康状况不满意的人数相对较多。大一新生对自己的身体健康状况多持乐观态度。在选择运动项目时，男孩更喜欢球类运动，女孩更喜欢跑步。在锻炼时间长度和频率上，某校学生基本上没有定期运动的习惯。这种现象不仅出现在我们学校，我们可以看到，大学生对规律体育运动的忽视，应该引起我们的充分关注。

对于约束的运动，我们分为两个方面：外部因素和自身因素。缺乏学校体育设施，自己的懒惰，体育爱好的程度，学业的忙碌等，都影响了大学生的体育锻炼。缺乏体育运动设施和大量的学业任务以及私人事务，大大阻碍了学生体育运动的时长和频率。

最后是大学生自身对体育锻炼所持的态度。大多数学生对体育锻炼持积极的态度，体育锻炼影响我们的生活、职业、精神健康等方面，而且影响深远。有专家表示，体育锻炼将有助于大学生调节和控制情绪，有助于学生具有良好的自我认知，有助于大学生德智体全面发展。调查还显示，虽然一半以上的学生觉得身体素质差，但大多数学生对自己的运动情况感到满意，当然也有一部分学生没有真正意识到运动的重要性。总之，我们学校的学生运动情况是可以接受的，但仍需进一步改进。另外，需要让学校和学生自己加强重视。

（2）建议

21世纪充满了激烈的竞争，第一批人才必须有强大的体质，冷静地面对各种挑战的激烈竞争。大学生是受过高等教育的人群，是国家最重要的人力资源，其健康状况直接影响着中国现代化建设的战略目标实现问题。但有研究资料显示，大学生健康状况不容乐观，大学生运动行为比较缺乏，没有养成有意识的锻炼习惯。《中华人民共和国体育法》第十七条规定，教育行政部门和学校要把体育作为学校教育的一个组成部分，培养德智体全面发展的全方位人才。相关部门和许多学者开始逐渐关注大学生健康体育锻炼现状。要培养大学生养成经常运动的习惯，可以从以下两个方面着手。

①针对大学生自身

培养大学生体育锻炼的兴趣。兴趣是动力的源泉，有一定的兴趣，学生将发挥潜力积极参与体育锻炼。大量调查显示，学生对体育运动有了深入的了解，扩大认知的范围，才能有效地投入运动。体育兴趣对大学生丰富知识，培养和开展创造性学习的能力有特殊的影响。

提高大学生对体育锻炼的认识，培养大学生自主运动的意识。通过体育教学传授一定的理论知识，让大学生了解体育锻炼重要意义的科学依据，以及体育运动对自身发展的重要性，提高体育运动意识。

②针对校方

大力支持体育俱乐部、体育协会这类基于体育锻炼和竞赛的学生自己管理的新兴活动团体的发展，让更多的学生参加体育锻炼。大学生活跃积极，在进入社会之前，他们对各种有意义的活动有很强的参与感。体育俱乐部、体育协会无疑是一个更好的校园活动组织，它可以有效地利用学生的空闲时间，使他们有计划、有目的地参与体育锻炼，既强壮体质，培养情绪，同时又进行交友沟通，对学生的身心发展都是相当有利的。体育俱乐部、体育协会创造了学生积极参与体育锻炼的良好体育环境，对提高学生体育运动的积极性和主动性具有积极影响。

做好体育场馆的设施器材建设。学校运动场地、设备是学生进行体育锻炼的前提条件。竞赛场馆大气雄伟，设备先进，教学培训场地漂亮，全方位的运动器材，将给予学生视觉感受美，自然因为环境优势会刺激学生产生对体育运动的兴趣。必须通过体育场馆的设施来保证学生积极性的形成和提高。

在调查中，我们发现相当数量的学生由于缺乏空间，这导致他们只是点燃的体育锻炼的激情被扑灭。因此，普通高等院校应以学生人数新增或补充体育场馆、设备等为依托，满足广大学生体育锻炼的要求。

（四）大学生体育运动调查报告

1. 你的年级是＿＿＿＿＿；专业＿＿＿＿＿；性别＿＿＿＿＿。

所调查的男女比例约为7：5。

2. 你觉得参加体育运动对你的人际关系有什么影响？

25.2%的人认为体育运动对自己的人际关系有积极影响，不仅能够加深老朋友的感情，还能结交新朋友，拓展自己的交际圈。也有近一半的学生认为体育运动对自己的人际关系并没有产生太明显的影响。另有18.4%的人表示注意到体育运动对自己人际关系的影响；当然还有10.7%的受访者是因为不参加体育运动，所以对此问题没有看法。

3. 你大约多久做一次运动？

受访者中，有25.2%的人是每天都会进行体育锻炼，并且具有持久性；有44.7%的人认为每3～4天做一次体育运动的频率最合适，产生这种观点的原因是他们有可能对体育运动比较喜欢但又不是非常喜欢，太频繁的体育锻炼只会减少他们的兴趣。18.4%的人每周只进行一次体育运动，这类人往往是随意型，有兴趣了就去，没有兴趣了就不去，没有固定的频率；剩余的10.7%受访者是几乎不参加学校的任何体育运动锻炼。

4. 你参加运动的目的是什么？

受访者中，有7.8%的人是为了增强身体素质而进行体育运动，绝大多数的人是因为兴趣所以参加体育运动，因为喜欢所以坚持。20%的人是为了缓解压力、放松心情而参加体育运动；剩下的约4.4%的受访者表示是有其他原因让他们参加体育运动的（以上所有数据皆为除去不参加体育运动的被调查人群后的人数作为总体后的比例）。

5. 你觉得如何提高大学生参加体育运动的积极性？

受访者中，60.8%的人认为应该积极宣传体育运动对健身的极大好处，可以结合事例加以说明。同时，学校要提供良好的运动环境和运动设施，并安排体育运动时间，普及学生体育运动观念。20.1%的人认为体育锻炼只对身体健康有影响，对心理健康的影响并不明显。因此，教育者应该让学生全面认识体育运动的好处，可以多安排一些活动增加学生参加体育运动的积极性和主动性。其余人则认为体育运动是私事，不应该受外界因素干扰。

6. 你认为参加体育运动是否改变了你的性格？

受访者中，36%的人认为体育运动可以改变自己的性格，使自己变得开朗乐观，并且增强自己的自信心，使自己的性格更适合融入社会生活。64%的受访者则认为体育运动和性格改变并没有关系，即使性格发生改变，也绝不是体育运动的影响（此类人群中包括不喜欢运动或者参加运动非常少的学生）。

7. 参加体育运动对调节你的情绪程度如何？

受访者中，22.4%的人认为体育运动可以帮助自己调节情绪，参加体育运动后会释放压力，心情放松和愉悦；其中11.1%的人承认体育运动对自己情绪有调节作用，但效果不是很明显；也有少数人表示自己容易受比赛结果的影响，太在意输赢而导致情绪变得不好；68.2%的人认为体育运动没有明显地对自己的情绪有调节效果，情绪是受自己的成长经历所致，体育运动的影响很小。

8. 参加体育运动对你哪方面的能力帮助最大？

受访者中，25.2%的人表示参加体育运动可以帮助自己的团结协作能力，44.7%的人表示体育运动帮助自己提升了领导能力，另18.4%的人表示体育运动帮助自己提升了交际能力，其余的人认为体育运动还有其他方面的帮助。

9. 假如你不参加体育运动，是什么原因？

受访者中，有一部分人是不参加体育运动的。这群人中10.7%的人认为参加体育运动是浪费时间和精力；44.7%的人认为体育运动受到气候和场地的限制而无法参加；25.2%的人表示没有运动伙伴；还有18.4%的人是因为其他原因不参加。

10. 你认为不同性格的人适合不同类型的体育运动吗？

运动心理学研究表明，身体活动需要高度的自我控制，坚定的信心、坚韧、勇气等。因此，有针对性地进行体育锻炼，培养良好的个性是一个有益的尝试。在我们的调查中可以总结出类似的结论。例如，89.5%的受访者会有不同类型的运动，所以不同的人会参加不同的运动。可以鼓励不同的人参加运动，增加对运动的兴趣。其余的人认为体育几乎是什么样的人参与都没有效果。

通过这次调查，可以看出，大部分学生对体育与健康的关系有了初步认识，但还有一些学生因为各种原因不参加体育运动。注意持久性的运动和练习，营养、休息和睡眠要跟得上。所谓的运动，是反复类似的活动，导致身体适应性变化，使组织、机关、体系活动的身体协调。调查总结了不同性格适合的运动。

优柔寡断的应选择乒乓球、网球、羽毛球、拳击、摩托车、障碍、跳高跳远、击剑、摔跤等体育活动，任何犹豫、徘徊都会拖延机会，长期练习可以帮助人们提升决定性的个性。

急躁易怒者应该多进行下棋、打太极拳、慢跑、长距离步行及游泳和骑自行车、射击等缓慢、持久的项目。这些运动可以帮助人们调节神经活动，增强自我控制能力，稳定情绪，帮助人们克服不耐烦、冲动的弱点。

缺乏自信者若坚持一个时期的诸如跳绳、俯卧撑、广播操、跑步等体育锻炼，能逐步增强信心。

遇事紧张者、心理缺陷者要多参加公开的激烈的足球、篮球、排球等项目活动。这种运动场上形势多变，比赛紧张激烈，只有冷静沉着地应对，才能取得优势。"久经沙场"，从而可给学习、工作带来益处。

自负逞强者可选择一些难度较大、动作较复杂的运动如跳水、体操、马拉松、艺术体操等体育项目，也可找些实力水平超过自己的对手下棋、打乒乓球或羽毛球等，以不断提醒自己"山外有山"，不可自负、骄傲。

孤独、怪僻的心理缺陷者应该选择足球、篮球、排球以及接力跑、拔河等集体项目。会帮助你慢慢地改变孤僻的习性，逐步适应与同伴交往，并热爱集体。

腼腆胆怯者多参加游泳、溜冰、滑雪、拳击、摔跤、单双杠、跳马（箱）、平衡木等项目活动。经过一个时期的锻炼，胆子自然会大，处事也老练了。

四、大学生体育教育教学现状

（一）现代高职教育特点

中共中央第十六次代表大会明确指出新时期党的教育方针："坚持教育为社会主义现代化建设服务、为人民服务，与生产劳动和社会实践相结合，培养德、智、体、美全面发展的社会主义建设者和接班人。"[1]高职教育是我国高等教育的重要组成部分，是培养适应生产、建设、管理、服务第一线需要的，德、智、体、美等方面全面发展的高等技术应用型专门人才的教育。[2]

高等职业教育是我国高等教育的一种类型，是按照职业分类和社会需求，培养的是能够服务社会，进行生产建设的"实用型人才"，有别于"学术型"人才。要

---

① 余曙初．浅谈新时期党的教育方针．吉林省教育学院学报（科学版），2010年第1期．

② 曹志平，王雅珍．遵循高职教育特征以深化教育教学改革．教育与职业，2009年第21期．

求学生既掌握基础文化知识，还要有很强的技术实战能力，以及实干的"职业道德"。

高职教育办学模式以三年制和两年制为主，因此学生在校时间较短，对他们的教育更要注重实际岗位的需求。体育学科体系建设更具有紧迫性和重要性，要结合高职教育现状，充分考虑社会需求，培养我国具有强壮体魄的第一线劳动者。

（二）当前高校学生体育消费研究

目前，大学生体育消费的主要表现是体育消费和体育用品的消费。限制体育消费的因素是国家和地区的经济和发展水平、家庭经济水平和消费意识。参加体育消费的主要目的是提高身体素质、娱乐休闲和全面发展。要加强大学生体育消费价值观研究，发展体育运动的同时提高大学生体育消费水平。

1. 高校学生体育消费的主要表现

高校学生体育消费是指大学生在学校期间参与体育活动的各种经济支出。主要用于购买体育用品、运动器材、参加各种体育活动。当前，我国高校学生的体育消费主要表现如下。

（1）参加性体育消费

大学生在上学时，除了学习理论知识的时间，大部分是以个人爱好为基础，选择一些他们感兴趣的活动参加。有些学生去图书馆学习，有的参加了各种各样的学校活动，但参加体育活动居多。因为运动可以调整紧张的学习过程，放松身心，促进身心全面发展。同时，通过体育活动也可以锻炼团队精神，结交各类新朋友。参加性体育消费主要是参加一些体育活动，如打网球，花费网球费、游泳入场费、高尔夫球场场地费、申请学校健身卡和其他费用。

（2）参观性体育消费

参观性体育消费是大学生能够满足自己对体育运动的喜爱，观看体育比赛、体育表演和其他来观看视频比赛等的费用，可以称为参观性体育消费。这些学生不但乐意参加体育活动，而且还充满兴趣爱好，并愿意观看各种体育比赛，他们渴望观看比赛可以改善自己。同时，通过观看游戏和爱运动，学生可以一起感受到共同兴趣，使他们有一个共同的讨论话题。

（3）购买体育用品的消费

在大学生参加一些体育活动或比赛的过程中，往往是要购买辅助设备器材，而购买这些物品是购买实物形式的体育消费的成本。这些运动主要包括体育活动和观看体育运动而购买的体育器材、设备等物理消费。例如，为了参加体育比赛和提升运动水平，购买的运动装饰品。

2. 制约大学生体育消费的因素分析

（1）国家和地区经济发展水平制约着大学生体育消费

虽然中国近年来的经济有了一定的增长和发展，但区域发展的不平衡依然是一个长期的问题。此外，经济发展的不平衡影响着人们的消费观念，大学生没有经济来源，主要由家长资助的群体也不例外。通过对南、北城市大学生体育消费情况的调查，同一所大学的南、北方学生体育消费调查，南方经济发达城市的大学生体育消费明显高于在北部经济欠发达城市，同一所大学，来自经济发达地区的学生体育消费高于来自经济落后地区的学生。

（2）家庭经济水平是影响高校学生体育消费的最基本因素

影响大学生体育消费的因素包括家庭经济、学业任务、休闲时间和体育场馆。但是，学生因为经济不独立，所以家庭经济水平是体育消费的基本影响因素。通过对某地区高校大学生的抽样统计调查，我们发现在校内每个月支出 35 元以下用于参加性体育消费的学生占66%；校外每个月支出60 元以下用于参加性体育消费的占68%。同时，在调查的对象中，没有此项开支的学生占15%；有66%的学生有此项开支，并且其家庭月收入在2000 元以上；有18%的学生有此项开支，其家庭月收入在1000 元以下。[①]可见，参加性体育消费和家庭经济状况直接相关。

（3）传统的消费观念、消费意识和消费结构制约着高校学生体育消费思想

目前，我们的许多父母都是来自痛苦岁月的人，他们教育孩子，仍然保持传统思维，使很多大学生在体育消费中一直是重实用和耐用性。购买实物是体育消费的主要形式。如购买运动服、鞋子、袜子的消费比例大。而参加和参观性的体育消费比较昂贵，使得很多学生虽然想参加，但往往因为经济因素和传统观念的限制而放弃消费。

---

① 王耀东. 高校学生体育消费特征研究. 北京体育大学学报，2011年第6期.

3. 大学生参与体育消费的目的与重点开发的项目

近年来，大学生是中国的主要消费群体之一，这个群体非常庞大，所以我们必须加强这个群体的消费观念的学习和探索。为了正确引导大学生的消费观，只有清楚大学体育消费的目的，认识他们的想法，把重点放在开发项目上。

（1）大学生参与体育消费的首要目的是为了拥有健康的体魄和全面综合发展

经调查，84.44%的大学生认为体育消费是为了提高身体素质；9.25%的大学生认为体育消费是为了休闲娱乐；6.31%的大学生是盲目跟风而消费。可见绝大部分大学生是为了体育活动的消费，并且具有明确的消费目的。

（2）在校大学生认为需要重点开发的项目

调查显示，42.37%的大学生认为需要重点开发的体育运动项目按照喜爱和参与程度依次为网球、乒乓球、羽毛球。其他57.63%的学生认为应当开发游泳、足球、体育旅游、篮球、健美、女子防身术、射击、排球、垂钓、体育舞蹈、武术气功、高尔夫、狩猎、拳击、跆拳道、卡丁车、蹦极这些体育项目。

4. 在校大学生的体育消费价值观

经过调查和统计，我国在校大学生赞同目前体育锻炼应该收费的人数多于不赞同的人数，也有5.48%的人持无所谓态度。在赞同收费的群体中，具有明显的性别差异，男生要远远高于女生人数。所学专业对体育消费价值观的影响不大，但是在认为应收费的大学生中学科差异相对较大，理工科的学生占69.06%，而文科类学生仅有30.94%。大学生家庭所在地区也是影响体育消费观念的一个很重要因素，城市的要比农村的更赞同体育锻炼应该收费。特别要指出的是，91.39%的人认为现在的体育锻炼收费偏高。

5. 结论

（1）根据实际情况，注意学生体育消费观念的研究，以体育锻炼的意义作为宣传工作重心，特别是要充分利用学校资源，如学校报纸、广播、宣传栏等，让大学生可以充分了解德智体美劳全面发展，最终提高学生综合素质。

（2）可以对经济能力有限的大学生实行优惠门票，或减免部分费用，或通过勤工俭学来支付体育费用，这样可以同时解决在校大学生身体锻炼和经济问题。

（3）经济不独立、学业繁重、体育消费品价格昂贵、空余时间少是限制大学生体育消费的主要原因。再者是体育活动空间太小、娱乐项目太少等。大学生通常学习的任务比较沉重，但周末是一个好的运动时间，休息可以被广大学生所接受。建议高校在周末为大学生开设一些受学生欢迎的运动项目。

（4）大学可以设立一些大学生认为需要开发的项目，诸如网球、乒乓球、羽毛球、游泳、足球等。一方面可以提高学生参与体育运动的积极性；另一方面，也能创造大学体育消费市场的发展条件和机遇。

（三）天津市高校体育教学现状

体育是我国高等教育重要组成部分，是贯彻党的德智体美劳全面发展的重要方面。本研究采用文献资料法、专家访谈法、调查法和数理统计等方法，对天津市高校体育教学现状进行了调查。结果表明，体育教学过程中在课堂教学、体育课教材、体育设备设施和体育教学管理等方面存在多种不正常状态，严重阻碍了体育教学目标的实现。通过对以上"不正常状态"的研究，提出了相应的对策与建议。[①]

1. 课堂教学情况

（1）对学生的主体性认识不足

在体育课程中，"学生主体性"有两个方面。首先是学生的实际需要和具体要求；其次是强调学生在教学中的主动性和独立性。虽然我们强调素质教育而不是应试教学，把学生放在教学过程中的主体地位，但体育教育思想没有反映或曲解，使一些高校体育知识和技能教学中存在学生受制于教师的混乱的问题。从思想到理解、从理论到实践、从结构到内容等方面的想法缺乏总体突破。一种是"填鸭式"教学方法，留下学生仍然被动接受和狭隘的思维空间；一种被误解为"以人为本"的教学理念，以片面强调学生的偏好和个性需求表达，学生可以玩得开心就可以，忽视了健康要求，忘记"健康第一"教学指导思想，缺乏体育教学的本质、价值、内容和终身体育需求，健康理念等深入了解教学活动大多在追求形式上难以体现"以学生为主"的教学要求。

（2）教师课堂言行不规范，自我要求不严格

从对学生的调查结果来看，学生认为教师在课堂上主要的不良行为是聊天、中途离开、接电话。根据教师的体育教学过程，可以发现，教师失去了以身作则的示

① 李强. 天津市高职院校体育教学现状的研究. 北京体育大学2005年硕士论文.

范作用，教师要教育学生，首先要树立好模范带头角色。另外，缺乏严格严谨的教学组织和管理。教学组织和管理上主要存在以下问题：缺乏运动前准备和运动后的放松活动；学生学习态度、精神面貌和课堂纪律和秩序不严格；缺乏安全教学和出勤管理；基础学习任务和目标不明确。

（3）教学考评缺乏科学性

教学评价作为教学效果的保证，客观测试具体方法、手段和标准是必要的。目前，体育院校在一些理论评估中，主要考查学生了解体育运动的基本知识和掌握情况以及对运动技能掌握情况。这个教学评价太直观，对缺乏运动能力、身体素质差的学生是非常不利的，只重视结果，根本问题在于对评估体系实质了解不足，没能使教学更好地服务于教育目标。

2. 体育教材

（1）体育教材形式单一

学生只有教科书这一种体育教材，78.9%的学生选择喜欢音响、网络媒体等教材，也有20.2%的学生选择无所谓，剩余的人选择不喜欢。

（2）教材考核标准失真

现有的体育课考核主要包括技术考核、理论考核、平时表现、课外锻炼，采用的是终结性评价，不注重能力形成过程。41.6%的学生认为现有体育课考核能够全面反映自己的真实能力，但更多的人认为是"不能"全面反映自己的真实能力。

（3）教材对促进教学的实效性低，针对对象不明确

77.4%的学生从来不看体育教材，15.5%的学生偶尔翻看，7.1%的学生经常翻看。在教师群体中，绝大多数教师对体育教材的编写有负面评价，认为没有根据学生的生理和心理特点进行编写。

3. 体育设备设施现状调查与分析

（1）体育经费投入不足

被调查的学校中，学校体育经费投入最多的是35万元，最少的是7万元，平均维持在16.8万元。15%的领导认为体育经费投入充足，30%认为基本满足，超过一半的人认为欠缺，其余认为不能保证。也就是说，学校领导也意识到学校对体育教学的经费投入太少，不利于体育教学工作的开展。

（2）场馆扩建以及器材设施不足

学校现有的体育场地和器材设施完全不能满足学生的需求，现在的大学生更多的是追求体育教育的主动学习和个性化发展。在对学生进行的一项关于"你是否会根据体育场馆设施的情况选择体育课项目"的调查显示：76%学生选择会，选择不一定和不会的分别只有19%和15%。而在对体育场馆、设施器材满意度调查中，有超过65.9%的学生对学校的体育场馆设施不满意或非常不满意。[①]

4. 结论与建议

通过上述三个方面的研究发现，体育教育存在很多问题，一直给体育教育带来很多不利影响。其中内部因素主要是师资不足、教学能力差，外部因素是教学评价不合理等。

学校体育是基础教育，面向所有学生。建议健身课程以健身项目和技术项目为依托。教学组织形式应增加选修课程的比例，并计划设立体育俱乐部发展单项运动。评估教学效果时，指标有显性和隐性两个方面。另外要加强教师队伍建设，提高教学质量。另外，大学体育教育应尽快完成从"体育"到"健康教育"思维的转变，体育教师应该首先改变大学生的观念，提供轻松的教学环境，尽快帮助他们有能力掌握健身知识和技能，培养他们的"终身体育"意识。

（四）普通高校体育教学现状分析

据1985—2005年三次全国大学生体质与健康的监测资料进行分析，结果表明，大学生体质健康总体水平进步的同时，存在着身体素质与运动能力下降，肺活量及肺活量/体重指数呈下降趋势；就目前大学生体质健康状况而言，近40%的大学生处于亚健康状态，表现为体虚、易疲劳、失眠、注意力不集中、情绪不稳定等。[②]作为学校运动的重要组成部分，大学体育在培养复合型人才方面具有重要意义。因此，如何通过学校体育锻炼身心健康，高素质人才的全面发展是当前体育工作者需要解决的问题。

---

① 詹永顺. 普通高校体育教学现状的调查与分析. 西安体育学院学报，2000年第1期.

② 包雪鸣，季成叶，尹小俭. 1985—2005年中国大学生体质变化趋势分析. 现代预防医学，2008年第17期.

1. 普通高校体育课教学的现状调查结果与分析

（1）体育课教学指导思想的现状调查结果与分析

高校体育教学的指导性问题与体育教学改革方向有关。大多数体育教师在这个问题上都持相同看法。目前，大多数高校体育指导思想仍然是"教学生身体健康"和"掌握运动技能"的指导思想。此时，经过考验，我们可以看到，大学是大学生接受体育教育的最后一站，如果我们在这一阶段还不能培养起终身体育意识，是不利于大学生身心的健康发展的。相反，有的老师认为，教一些学生的技能不是工作的重点，所以学生建立正确的终身体育意识就是教学工作的意义。掌握运动技能很重要，但为了促进学生身心健康的和谐发展，培养终身体育意识才是学校体育教育最重要的指导思想。

同样情况也出现在对体育课教学目标实现程度的调查中。增强体质、增进健康，掌握体育基本知识和运动技能，培养学生的体育运动兴趣是各高校体育课教学目标实现程度最高的三者。虽然检验结果中现行体育课的指导思想、教学目标与教师的意见没有显著性差异（$P > 0.05$），但是，无论是体育课的教学指导思想还是教学目标，教师都把增进学生的身体健康和培养终身体育意识作为首要任务，也是学校体育的首要任务。[①]

（2）体育课教学组织形式的现状调查结果与分析

不同的体育教师有不同的想法。有人认为，根据体育专业上课更好，有利于学生掌握和使用基本技能，为进行体育锻炼打好基础，一些人认为同年级上课最好，便于管理和层次化教学，可以分类指导。多年级共同上课，有人认为这有利于体育教学工作的顺利开展，高年级学生可以在帮助和引导低年级学生学习和锻炼方面发挥主导作用。

至于男女分开还是一起上课，不同的教师也有不同的观念。认为应该男女分开上课的教师认为这有利于体育教学活动的开展，这样就没有因性别差异存在身体力量问题的困扰了。支持一起上课的老师认为，男孩可以带动女孩学习，同时，青少年男女爱在异性面前表现自己的特点，有利于男女生的共同进步，但也不排除要老师要多照顾女生的问题。

① 郑贺. 浅谈普通高校体育教学的现状与分析. 体育科研，2001年第1期.

2. 普通高校体育教学中存在的问题

（1）班级建制问题

关于是否分年级上课，我们地区的大多数教师倾向于分。因为不同年级的学生在身体、心理和能力上有差异，所以需要符合各个年龄阶段的教学内容，而且不同年级的管理也不同。不过，不分年级上课也有优势，高年级学生的学习接受能力强，可以发挥示范作用，帮助低年级接受能力相对慢的学生，低年级学生为了弥补差距也会努力上进，如此可以形成相互学习的良好学习氛围。另外，为了防止无政府主义现象的发生，30人的教学班可以保证教学质量。

（2）男女分班问题

关于男女生是否该分班上课的问题是公说公有理婆说婆有理。通过对六所高校的教师和学生进行调查研究，同样存在意见不一致的现象。学生和教师群体中赞同男女分班上课的人数居多。笔者认为男女是否该合班问题应根据运动项目特点来决定，一些需要男女搭配合作的体育项目，就需要采取男女合班上课；一些要性别差异、体质强弱的项目，应该采取男女分班上课。

（3）身体异常和病、残、弱学生体育教学组织形式问题

身体异常和病残的弱势学生属于高校特殊群体，因为这些学生的身体状况、心理特征和运动要求与正常学生不同。因此，这些特殊的体育运动群体给大学生体育教育带来新的问题，我们不仅教授一些有利于身体康复的健康知识，还要培养他们对体育运动的兴趣。

3. 结论

大学体育部门要高度重视体育教学俱乐部工作的开展，努力创造条件，保证大学体育改革的正常运行。参加体育教育改革和管理人员要认真学习体育教学俱乐部的相关理论，提高专业素养，具体落实体育俱乐部的前期准备工作。学校体育教师应深刻认识体育教育改革的必要性和开展体育教学俱乐部的重要意义。

体育教育改革前，要努力优化师资队伍，完善体育器材设施，提高科研水平等，大力支持体育教育。在实际运行过程中，大学体育改革应以加强学生身体素质、促进学生体育文化、培养学生终身体育意识和行为习惯为基础。体育应以多目标为指导，逐步提高自身造血功能，发展具有本区域特色的更科学、更合理的体育教育模式，积极推动地区和全国大学体育改革进程。

（五）普通高校体育教学俱乐部模式的发展现状

1. 前言

随着教育改革的深化和全面推进，大学体育教育改革从健康第一、素质教育的角度出发，将终身体育、健康教育作为大学体育教育的主导思想，建立了新观念和新目标，从而发展了体育俱乐部的体育教学模式，即以俱乐部的组织形式进行体育教学。在教学过程中，老师是主要的传授者，组织者是辅导员，学生从被动学习变为主动学习。目前，我国已有深圳大学、上海中医药大学、大连理工大学、哈尔滨工程大学、鞍山师范学院体育试行体育俱乐部教学模式。

本文主要是通过文献资料和问卷调查，分析普通高校体育教学俱乐部模式的发展现状、影响因素及发展建议。

2. 研究对象与方法

（1）研究对象

本文以深圳大学为研究对象。

（2）研究方法

①文献资料法

查阅相关文献资料，收集我国各种体育院校学报有关40多篇公开发表的高校体育俱乐部的论文、资料，并了解相关方面研究发展状况。

②问卷调查法

根据调查对象和范围发放问卷并及时回收整理。发放400份，回收360份。回收率90%。有效份数320份，有效率88%（随机抽取深圳大学在校学生400人）。

③访谈法

通过对专家、体育教师、体育领导和学生进行访谈，获得大量有关的资料、信息及合理建议。

④数据统计法

对收集的数据运用SPSS软件进行统计学处理。

3. 研究结果与分析

俱乐部模式教学的现状和分析。

（1）学生的参与现状及分析

在受访的320人中，体育俱乐部的教学模式得到了53%的男生支持和参与，也有10%的男生不喜欢体育运动和体育俱乐部模式教学，需要加强对这部分男生体育俱乐部模式教学的认识和自主运动意识的培养。女生方面，同样也有超过半数的人支持和参与体育俱乐部模式教学，但也有26%的女生不参与体育俱乐部模式教学。

总体而言，绝大多数在校大学生支持和参与体育俱乐部教学模式，这反映出我国体育教学的改革工作有了一定的进展。

（2）场地器材的情况

男生方面，有43.14%的男生特别满意学校体育俱乐部模式的教学场地器材，也存在少部分人持不满意态度。因此，学校还应加强体育俱乐部模式教学场地器材的改善，以满足学生的需求。女生方面，一半的女生特别满意体育俱乐部模式教学的场地器材，也有人持不满意态度。总体而言，高校学生对体育俱乐部模式教学的场地器材满意度是比较高的，这表明我国体育教学的场地器材配备得到了较大的发展。

（六）高职院校与普通高校体育教学模式的比较研究

1. 前言

课程体系和课程内容一起实现任何形式的教育培训目标。高等职业教育、普通高等教育特点、中等职业教育水平的差异体现在课程体系和课程内容上。无论是职业教育的定位还是人才培养模式，最终只能通过体育课程和课程内容才能实现。作为职业院校，学校体育教育应具有培养应用型和高技能型人才的特点。

本文试图从高职院校的人才培养目标、教学内容、方法等方面和普通高校进行比较研究，找出高职院校体育课程教学主要面临的问题以及对策。

2. 高职院校与普通高校人才培养模式的比较

（1）根据对培养职业院校专业技术应用人才的要求，要以专业职位和市场需求为核心组织教学，积极培育具有相应专业素质、心理素质和职业适应能力的人才满足现代社会发展的需要。体育课程应符合"必要，足够"的原则，突出"以能力为本"，构筑"大体育"。体育技能和职业技能的形成既体现了体育新模式，实施"平台+专门化"创新教学模式，体育运动与体育手段的结合将职业素质结合起来。同

时以培养高科技应用型人才为主要目标，体育应体现专业特色，突出职业体能训练，提高学生的专业适应能力。

高等职业院校体育新模式的核心是建设体育项目自主运动系统。基本思想是坚持"以服务为本，以就业为导向，以能力培养为主线"的方针，是"能力标准，行动导向，职业技能"等内部团结教学思想。高等职业体育课程的目标是：体魄强壮，满足兴趣，发展身体素质，提高素养，服务专业。

（2）普通高校人才培养的指导思想是坚持服务区域经济社会发展，遵循德智体美全面发展的政策，提高学生的科学素质和人文素质、实践能力和创新精神，全面提高人员素质培养。整体培训目标是：培育扎实的理论基础、实践能力和适应能力、综合素质和高创新精神。结合体育教育，培养目标是掌握运动的一定基础知识，掌握科学运动的基本技能，发展良好的体育锻炼意识和习惯。

普通高校体育教学模式是一个更为传统的模式，受苏联教育思想的影响，强调"技术教育"思想，把运动技术和技能作为体育教学的主导。在体育教学中，运动技能的培养是以体育运动能力的培养为基础，以体育教学为基础、以运动技能规律为基础的系统教学理论。

3. 高职院校体育课程教学与普通高校体育课程教学特点的比较

（1）高职院校人才培养目标和模式的变化必然导致其体育教学特点的不同。高职院校体育教学的目标是：强健体魄、满足兴趣、发展体能、提升素养、服务专业。针对这一教学目标，在课程体系、课程内容、教学方法等方面都有自身的特点。

职业学院教学方法灵活多样，体育教学要给予学生自主选择教学内容、选择教师的权力。学校根据体育运动对体育进行分类并进行基本情况的宣传，让学生可以根据自己的实际情况和兴趣爱好进行。在课程内容上，以项目为主线，系统教授项目历史发展，基本技能，基本规则，以体育为平台，以培养学生的综合素质和社会适应能力为主。在教学过程中，突出学生在提高身心健康的主体作用的同时，注意培养学生的专业能力。学生对运动的兴趣和对职业能力的要求有机结合，培养终身体育意识。在高职院校中，体育作为义务教育课程的时间较少，因此，高职院校组织发展的课外体育活动是体育的另一个特点。高职院校组织了大量体育俱乐部、体育协会，开展了大量体育比赛，有序地进行了课外体育活动，有力地补充了体育课时，对学生整体素质有较好的补充培养。

（2）普通职业院校的体育教学模式是在竞技体育发展中形成的。因此，其教学目标是以提高学生竞赛技巧为主。教学方法上，以教师为主导，教师要向学生传授技术动作的技巧，然后学生通过自己的努力熟练掌握技术动作的要领。

教学程序，是由学生自主列出的单位课程纳入在课程表中，一周固定时间由固定教师教学，每位教师均按照统一大纲教学。教学过程分为准备部分、基本部分、结束部分三部分。教学过程的中心是技术和技能的教学，行动技术教授成为体育的核心。

通过归纳和分析，普通高校体育课教学的主要特点是统一规定教学计划、教学大纲、课程内容，以教授动作技术为核心，突出教师的主导作用，培养学生体育意识和体育能力，提高学生身体素质。

（七）高职体育课程教学面临的主要问题

虽然经过体育教育改革，但是在教学过程中仍存在一些需要解决的问题。

（1）教师的能力是限制高等职业院校体育教学的瓶颈。大多数高等职业院校的体育教师来自普通高校，他们采用的教学模式是普通高校惯用的模式，只是在形式上有所变化。而且整个职业大学体育教学特色的改革方向不是一个明确、完整、统一的理解。

（2）教材内容和人才培养目标相脱节，无法充分体现高职体育教学的特点和要求。

（3）根据高职院校人员培养目标的要求，严重缺乏体育培训课程和学生综合素质培养体系。要达到高等职业体育课程的目标，学生实习培训基地和社会服务体系的建立至关重要。

（4）体育教学评估体系严重落后，不能满足高等职业教育的需要。现行的体育课程评估体系仍然是以普通高校体育课程评价体系为基础的。它只评估学生的身体素质和行动技术，没有评估学生的综合素质，也限制职业院校体育教学课程体系改革、教学内容、方法和手段。

（八）解决高职体育课程教学主要问题的对策

（1）加强体育教师建设是高等职业院校体育课程改革的根本。特别是加强现有教师的转型，加强对理论的训练和学习，使他们对职业大学体育课程特点的思想理论认识上有明确要求，改变过去普通高校的教育模式。

（2）加强高职院校体育课程体系改革和体育教学材料汇编。包括教学方向、教学目标、教学内容、教学方法和手段、评价体系等，对课程体系进行全面改革，以满足高等职业教育的需要。高等职业体育教材的编制应跳出普通大学体育教材的范围，把发展学生的专业体能、专业综合素质等综合职业能力作为体育教学内容和评价内容。

（3）加强学校与企业的合作，建设培养学校内外实习培训的地点，建立完善的社会服务体系。学校与企业的结合，工作与学习的结合是高等职业教育的基本要求，体育应符合高等职业教育要求的目标，需要建立一批实习培训基地，而且还需要建立一个社会服务体系，让他们学会为社区服务的知识，为社区或商业组织等公众服务，举办各种体育比赛，作为体育比赛和一些社区体育运动的裁判培训工作，让学生更多地与社区接触，了解社会需求，培养和发展学生的综合专业能力。

五、体育锻炼对大学生的意义和作用

（一）体育锻炼对大学生的意义

毛泽东曾讲："身体是革命的本钱。"法国启蒙思想家伏尔泰也在很早就提出了"生命在于运动"的至理名言。可见，强健的体魄对于一个人是多么的重要，而强健的体魄则来源于体育锻炼。总之，体育锻炼对我们每个人都有着非同寻常的意义，尤其是对于我们这些大学生。

大学生是一个相当特别的人群。他们经常要应付沉重的学业负担和其他事情，所以需要进行身体锻炼。

首先，运动能增强体质。每天在沉重的学习和生活中，如果你想要轻松处理，强壮的身体至关重要。另外，强大的体质可以帮助我们抵抗许多疾病的入侵，从而避免干扰疾病，所以有更多的时间更好地度过大学生活。再长远地说，强大的身体也有助于延长我们的寿命。

其次，体育锻炼可以提高我们的心理素质。许多体育锻炼不仅需要身体素质，还需要毅力和耐心。通过体育运动来增强心理素质，使自己的生活在学习中健康强大的心理，这一定会使我们的学习生活更有效率和更美好。

另外，体育锻炼还有许许多多重要的作用，例如帮助我们塑造健美的体形，帮助我们放松、娱乐等。

总之，体育锻炼对于大学生意义重大。我们应该科学合理积极地进行体育锻炼，塑造出一个更强壮、更健康、更美好的自己！

（二）大学体育教学现状及其发展趋势研究

随着知识产业的改革，高校教育也越来越重视教育体制和教育内容的创新，但就目前教育现状而言，离素质教育的目标相差甚大。本文从大学教育培养高素质人才的角度出发，对国内体育教学的现状及存在的问题，从教学模式的利弊、对学生心理的影响等方面进行细致的调查分析和研究，认为在体育教学中吸纳国外经验的同时，也应融入中国的民族特色教育，是未来大学体育教学的发展趋势。[①]

1. 大学体育教学现状

近年来，虽然很多教育工作者研究与总结出许多改革措施，但都未能落到实处。通过分析发现，大学体育教学模式通常有以下几种：①发掘学生潜力，注重学生特长的培养的体育教学方式；②针对传统项目的教学方式；③按照学生体育的指导来教学；④目的是强健体魄的教学模式；⑤轻松快乐教育法；⑥侧重能力拓展的方式。简而言之，就是我国目前的大学体育教学依然是传统的单一教学方式，只注重某一方面的能力培养。

当然，随之教育改革，大学体育教学模式也有值得称赞的地方，比如终身体育思想、全民健身活动等。重视素质教育，在教学方法和形式上有了转变和创新。但是存在的问题依旧很严峻。

---

① 姜山. 大学体育教学现状及其发展趋势研究. 大家，2012年第1期.

2. 大学体育教学的发展趋势

（1）独具特色的民族体育项目在我国高校体育教育中的拓展领域

传统的民族体育在促进中国对外文化交流方面发挥了不可替代的作用。因此，体育教育应是关键部分，要最大限度地提高学生的德智体美劳全面发展。

①民族传统体育与素质教育

今天是素质教育时代，民族传统体育教育不能和素质教育脱节，按照学生发展和社会发展的需要，要将素质教育和民族传统体育互相融合。要积极引导学生掌握民族运动本身的各种优势，具体指导学生最大限度地发挥潜能，提高学生的思想价值和整体素质，从而更好地发扬民族文化，全面发展和完善学生身心健康。

②民族传统体育教育与科学文化素质

民族传统体育作为素质教育进步的推动者，科学文化教育的自然素质也具有非常重要的价值和功能意义。它不仅体现了东方哲学思想和价值观，而且包括医药、民俗、美学、宗教文学、军事等丰富的理论知识。学习科学文化，提高科学文化素质，是学生拓展视野、提高体育文化素质的有效途径，也是实现国家健身战略和正确的体育运动方式。

③民族传统体育教育与思想道德素质

民族传统运动不仅是运动形式，也是文化遗产，具有独特的精神核心，在教育的同时，也给学生带来思想上的影响。中国传统民族文化具有深刻的文化内涵，在体育教学过程中，贯穿整个过程的中国的伦理思想会对学生的传统思想观念产生微妙的影响。因此，国家体育教育的实施和发展，是引导学生树立正确的道德伦理，提高自身素质的关键。不仅有利于学生学习自省的习惯，而且符合学校教育，强调"德育为先"的教学宗旨。

④民族传统体育教育与个性的培养

要因材施教，因为每个学生有不同的能力和性格。民族体育教育的最终目标是使每个学生的个性得到全面、健康、和谐的发展。有效实施不仅可以培养和提高学生的身心健康，还可以在学生心理发展中发挥指导作用，增强学生在复杂困难环境中的心理适应能力。同时还能够理性地进行自我评估，既知道自己的优点，也能正视自己的缺点，建立正确的人生观和价值观、世界观。

降，"亚健康""过度劳累"等疾病进入我们的生活中，以中青年高级知识分子居多，这说明知识分子的健康指数正在不断下降。高等教育在培养大学生的专业技能时，不能忽视对健康的关心。

作为高等教育的重要组成部分，大学体育教学无疑对于开展这一重大任务起着重要的作用。目前，中国传统的大学体育教育已越来越不适应现代大学生的培养目标，甚至在一定程度上受到发展的制约，大学体育教育改革迫在眉睫。近年来，一些学者在大学体育改革理论中提出了许多新的思路，但实质与"健康体育"不能分开。如何把这个想法落实到教学中，首先要先探索"健康运动"的理论基础和实践意义，大学体育教学的价值深入分析，在此基础上，提出个人浅谈。

1. "健康体育"的理论基础和现实背景

（1）"健康体育"的理论基础

在2004年召开的"全国高校体育工作座谈会"上，提出了"每天锻炼一小时，健康工作50年，幸福生活一辈子""人文为本，健康第一""在体育锻炼中品味健康向上的高质量生活"等新观点，这对高校体育教学无疑提出了新的要求，"健康体育"已成为体育教学改革的终极目标。今天，"健康"一词不仅意味着强大的体质，世界卫生组织对健康的界定，在其章程序言中是这样表述的："健康不仅仅是没有疾病的表现，而且是一种个体在身体上、精神上、社会上完全安好的状态。"这就是大学体育教学目标的方向，也就是说，大学体育教学实现目标是培养体格较强、心理素质好、社会适应能力强的优质大学生。

（2）"健康体育"的现实意义

现在的学生普遍具有肥胖症，身体素质差，并且严重影响到上课学习的质量，而且还出现了社交恐惧症。经调查，35%的大学生平均每周的运动时间不到2小时，甚至一部分学生从没有踏入过体育场。50%的学生认为健康就是不生病，注重营养就可以拥有一个健康的身体，健康与体育是完全没有联系的，因而根本无法认识到健康体育的必要性。作为祖国未来事业的建设者，没有一个健康的身体，如何应对将来复杂的工作。由此可见，实现"健康体育"是高校体育教学改革的必然选择，具有深远的实践和理论意义。

2. "健康体育"的价值内涵

所谓"健康体育"，主要是从促进"健康"目标为价值，体育教育不仅要注意

提高学生的体能，而且要注重提高学生的心理健康和社会适应性。因此，大学体育应该从传统的体育锻炼强化，训练技能模型到健身模式转移，运动技能训练和健康知识整合，实现健康教育和体育教育的有机结合。其价值内涵体现在以下几个方面。

（1）增强学生体质，提高体育技能

强健的体魄是"健康体育"的首要内涵，也是最基本的内涵。当代大学生身体素质正逐渐下降，必须通过体育锻炼提高身体素质，预防疾病。学校体育教育要教授学生各种体育锻炼的技巧，这是"健康教育"首先要达到的目标。

（2）促进学生心理素质的培养

大多数人了解运动训练的功能是保持身体素质，而忽视了心理训练功能的体能训练。高负荷、高强度的运动训练在一定程度上是人的意志和毅力的磨炼，几乎培养了耐心和勤奋的精神。当代大学生一般能力欠佳，未来社会需求的人才，是需要一种有竞争意识，能够承受各种压力，以体育精神刺激奋斗精神。

（3）提高学生与人沟通合作的能力

大多数运动需要更多的人参与合作，运动精神的内涵就是重在参与，重点是"团队合作"。积极参加各种体育锻炼，学生可以培养团队合作精神，让学生在未来的社区、岗位上，能够良好地参与竞争与合作。

3. 实现"健康体育"的构想

（1）高校体育教学现状分析

"健康体育"对高校学生综合素质的培养有着非常重要的作用，从目前高校体育教学的现状入手，思考如何将"健康体育"理念切实融入到教学改革中。大多数高校体育教育无论在教学思想，还是教学形式上都过于传统，学校、教师、学生三者没有形成共同的体育教学意识，以至于体育教学形同虚设，丝毫没有其本身应有的作用。现从学校、教师、学生三个角度进行分析。

①学校不够重视，体育经费投入严重不足

高校作为培养高素质人才的地方，学校领导的重视程度将直接影响学科发展。目前，大多数高等院校对体育教育的关注度不够，创造体育完全是由于学科设置的必要性，对体育场馆、设备等硬件设施的考虑严重不足。学校对教师要求和体能评估不及其他学科一样好。体育教育大多是户外教学，场地问题大大限制了教学的发展，更不用说发展学生感兴趣的体育项目。大大削弱了学生开展课外运动的积极性。

②教师的教学积极性不高，理论知识和技能水平层次不一致

体育教师的热情不高，一方面因为学校的关注度不够。另一方面，增加了体育教学组织的难度，而且学生倾向于喜欢自由活动，对老师安排的教学内容兴趣不大，这也大大削弱了教师的积极性。另外，虽然大多数体育教师都是体育专业背景，但中国传统体育专业人才的培养强调了技能的培养和提高，而忽视了理论知识的积累。在这种培训教师模式下，自己的运动理论知识依然不足，所以在体育理论教学中需要很少的时间，大部分的体育教育，老师只扮演示范角色，学生们根据葫芦画勺瓢，不能真正体会运动的内在原理，也不利于个人体育锻炼。

③学生对体育教学的兴趣不大，缺乏体育意识

由于大学体育教育大都停留在传统的竞技体育教育模式下，而且学生经过长期单一枯燥的体育教育，对体育教育失去了兴趣。另外，学生普遍缺乏运动意识，因为老师很少注入新的体育运动理念，如"快乐运动""终身体育"，体育教育也很少引入运动健身功能，让学生了解运动很少。

（2）高校体育教学改革中践行"健康体育"的构想

鉴于高校体育教学中存在诸多问题，为了更好地实现体育教学与《全民健身计划纲要》的接轨，在高校体育教学中真正实现"健康体育"，笔者拟从以下方面着手。

①树立"健康体育"理念，传播体育文化，弘扬体育精神

"快乐体育""终身体育"等理念，事实上，要求体育教育有趣，要达到长期的身心健康，其本质就是"健康运动"，所以首先要让学生建立一个"健康运动"的理念，这就要求传播体育文化和培养体育精神实现。首先，教师要注意体育理论的理论，用言行来帮助学生树立"健康运动"的理念。其次，在体育教学中强调培养学生运动精神，如团结、拼搏、竞争、协作等，使学生成为身心健康的全面人才。

②在学校、教师、学生之间形成三位一体模式，达成共同的"健康体育"意识

a. 首先，学校应该认识到，体育课程的发展是为了更好地促进学生的健康，而不仅仅是满足课程的必要性。因此，学校开设体育课程时，重点应从"技能标准"转为"健康合规"，更多开放一些对休闲运动感兴趣的学生体育项目。其次，加大

对体育设施的投入。再次，学校要适当开展体育比赛，积极鼓励学生参与，进一步实现"全校健身"的目标。

b. 教师首先要加强自己的体育知识理论，把"健康体育"转化为教学理念。教师可以在示范教学中介绍一些体育运动和健康案例，解释其原理，并教授学生一些基本的保健知识，引导学生探索体育的健康性，让学生从被动学习到主动运动，让他们知道体育锻炼不仅要达到成绩标准，而且要培养有效的身心素质全面发展。二是教师要继续探索和完善教学手段。每学期结束时，首先介绍各种体育运动项目，决定授课内容，对大部分学生感兴趣的项目进行教学。在教学中，可以通过自己的演示来解释，还可以使用各种先进的教学仪器，学生和教师进行互动选择，更好地开展"健康体育"教学。

c. 学生要进一步加强对"健康体育"的认识。学生想转变对体育教育不重视的态度，认识到体育锻炼是积极有益的活动，不仅有助于身体健康，而且还有助于心理健康。

总之，大学体育改革的步伐还在前进之中，体育运动的真正意义永远不会改变。重视学生身心健康的综合发展，促进"健康运动"，是大学体育改革的最终选择。

第四章

肢残学生体育锻炼与心理健康的关系

一、肢体残疾人的心理特点

（一）残疾人的心理特征

我国大约有 8000 万残疾人，占总人口的 6.3%，他们的物质生活条件在中央各项政策落实下得到明显改善，但残疾人往往不仅是躯体残疾，更为严重的是心理残疾。残疾人的心理康复与疏导代表着残疾人平等参与社会、共享物质文明成果的程度，也关系着全社会的文明与进步。

因此，对于残疾人进行各种心理辅导，做好残疾人心理咨询工作至关重要，要了解、尊重和帮助残疾人，积极开展医疗、娱乐、体育等活动。同时通过专业心理康复机构对残疾人进行心理治疗或心理康复，培养他们的自尊心，自信心，自强心，引导和帮助残疾人解决思想上、心理上、精神上的困难，让残疾人从心里站起来，提高自我价值，参与和谐社会的建设。

残疾人常见的心理特征有以下几个方面。

1. 自卑感

自卑感是残疾人常见心理特征，残疾人因先天或后天因素导致身体缺陷，使其在生产、生活、学习、就业等方面遭遇歧视，导致自闭症心理。随着时间的流逝，

他们与世界的交流形成了一堵"墙",一种厌恶的感觉,孤独感逐渐增强,形成了自卑心理。

2. 情绪不稳定

残疾人较少与非残疾人交流,一旦发生冲突,常采用简单粗暴的方式解决,残疾人与残疾人交流则相对容易一些。

3. 敏感多疑

残疾人由于家庭暴力、财产纠纷、邻里关系等原因遭受心灵创伤后,由于自身原因与外界沟通交流较少,长期压抑后往往过多注意别人对自己的态度,对别人的话语过度敏感,不恰当或无意的称呼,常常引起他们的反感,造成多疑的性格。

4. 固执己见

残疾人的思维方式表现出明显的片面性,不能形成完整的人格,往往表现出固执偏见的性格特征。

5. 残疾类别不同,心理特征也不同

比如说,盲人性格内向,情感深沉而含蓄;聋哑人性格外向,豪爽耿直;肢残人性格倔强,不易克制等。

(二) 残疾人的共同心理特点

残疾人是指在心理生理、人体结构上,某种组织、功能丧失或者不正常,全部或者部分丧失以正常方式从事某种活动能力的人。这些人均在以下三个方面存在问题。

1. 认知方面

不同的缺陷会影响人们的认知能力和认知方式。如视力障碍失明,特别是先天性视力残疾,甚至没有视觉空间的概念,没有视觉形象,没有周边的事物完整的形象;另一方面,因为没有视觉信息的干扰,形成了爱思考,语言听觉能力更发达,记忆力更好,词汇比较丰富,但是也形成了强大的盲语能力,许多盲人给人一种语言生动、推理能力强的印象。

聋哑人由于听力缺乏或丧失,他们和其他人不依赖听觉器官和听觉语言,而是依靠手势。他们的形象思维非常发达,逻辑上的困难和抽象思维相对受到影响,特别是先天性聋。聋哑人对图像的想象非常敏感,想象力也是非常丰富的。

患者的行为和个性偏差，由于情绪不稳定，情绪自我调节和自我控制能力差，其认知特征主要是现实较差，容易离开现实考虑问题，具有强烈的幻想和片面性。

2. 情感方面

（1）孤独感。孤独是残疾人的常见情感体验，由于身体和心理上的不足，残疾人的行为受到不同程度的限制，其行为容易受到挫折。 残疾人士很少有现场活动，多次受到歧视，所以不得不长时间留在家里，生活孤独。

（2）自卑情绪。残疾人在学习、生活和就业方面比普通人困难很多，难以得到足够的理解和帮助，往往被拒绝和歧视，使他们容易感到自卑。

（3）敏感和自尊心强。敏感和自尊心强烈，容易导致他们对歧视的情感反应强烈，一些残疾人具有爆炸性的情绪表现，而其他具有深刻而持久的内在痛苦的心脏隐藏在心中，表现为无奈和自我否认。

（4）富有同情心。残疾人因为自己的病，常常对残疾同伴深表同情，这种深情的感觉使同龄残疾人成为有限的社会支持网络，甚至互相依附。

3. 性格方面

孤独和自卑是残疾人的性格特点，不同的人有不同的性格特点。比如盲人比较内向、温文尔雅，内心世界丰富，情感体验深刻而含蓄，很少爆发式地外露情感，善思考探索。聋哑人则比较外向，情感反应比较强烈，豪爽耿直，看问题容易注意表面现象。肢体残疾人主要表现为倔强和自我克制，他们具有极大的耐心和忍辱精神。智力残疾人由于整个心理水平低下，难以形成较完整的性格特征。

肢体残疾人一般只有身体上的缺陷，心理上没有明显的缺陷。在感知、注意、记忆、思维方面，他们和普通人没有显著区别，但在个性特征存方面与正常人有显著差异。肢体残疾，对他们的学习、生活和工作带来了很大的困难。面对这样的困难，有些残疾人对外部刺激敏感，经常遭受挫折、嘲笑和不适当的怜悯，容易发生自卑，从而严重压制自己的才华和创造力。

在这方面，应该以教育为基础来克服。对于大多数身体残疾的人来说，残疾并没有吓倒他们，而是让他们充分发挥主观能动性，进行不屈不挠的斗争。因此，身体残疾人往往表现出更坚强的意志力，意志力也要比普通人更强。他们有勇气克服困难，经常在学习、生活和工作中表现出惊人的毅力。因为很多肢体残疾的人有强烈的意志，所以他们没有无法克服的困难。他们不仅可以学习、生活和正常工作，

甚至可以为社会做出比正常人更大的贡献。

独立意识是指个人渴望摆脱对自我意识的监督和纪律。作为身心健康的成年人，身体残疾的人也想以正常人的角色进入社会，要求与正常人一样的权利，并要求社区认可其社会资格。他们喜欢独立思考和独立行动，他们渴望安排自己的学习和生活，积极组织和参与各种社会活动（包括运动），和同龄人一起探讨问题，交流思想，感受生活的美妙。喜欢自己解决问题，不喜欢麻烦别人，也不喜欢别人过多插手自己的生活。但是，由于某些原因，如学习困难，就业问题，经济上不能独立，所以要依靠别人的帮助来解决一些实际问题，但又不愿意过多地表现出自己对他人的依赖性，这反映了他们独立意识的矛盾之处。

先天性或早期儿童残疾独立意识的强弱与父母的态度密切相关。如果人有依赖，无论多么简单的事情，都会感到一种负担，永远不会享受成功的乐趣。事实上，只要条件允许，肢体残疾的人可以从事任何工作和活动。在雅典残奥会上为该国夺得4枚金牌的传奇射击选手乔纳斯·雅各布森来是瑞典射击协会会员，平时和健全选手一起训练，而且还总是打得比别人都好。所以有人说："也许，如果将残疾人打入另类，才真会有问题。他们和我们健全人真的没有很大不同。他们其实并不想让别人管得太多，他们能照顾自己。"

（三）当代大学生心理健康现状分析与对策研究

世界卫生组织在给健康下的最新定义中，把身体健康、心理健康和社会良好适应力并列为健康的三要素。美国心理学家马斯洛在精神卫生标准研究中提出了十项标准，中国学者也有很多研究和不同的表述，虽然重点是不同的，但内容是一致的，现将部分中国学者提出的大学生心理健康标准归纳如下。

（1）能保持对学习较浓厚的兴趣和求知欲望。

（2）能保持正确的自我意识，接纳自我。自我意识是人格的核心，指人对自己与周围世界关系的认识和体验。

（3）能协调与控制情绪，保持良好的心境。心理健康者能经常保持愉快、自信、满足的心情，善于从行动中寻求乐趣，对生活充满希望，情绪稳定性好。

（4）能保持和谐的人际关系，乐于与人交往。

（5）能保持完整统一的人格品质。心理健康的最终目标是保持人格的完整性，培养健全人格。人格完整是指人格构成的气质、能力、性格和理想、信念、人生观等各方面平衡发展。

（6）能保持良好的环境适应能力。包括正确认识环境及处理个人和环境的关系。

（7）心理行为符合年龄特征。一个人的心理行为经常严重地偏离自己的年龄特征，一般都是心理不健康的表现。

近年来，心理健康问题已成为危害大学生健康成长的重要影响因素。媒体上越来越多地出现大学生犯罪的极端校园恶性事件，也有服毒轻生的自卑忧郁的心理障碍蔓延在大学生中。

虽然这些问题是少数，但对其他学生有心理影响，影响学校的教育秩序，这些现象正在上升。因此，当代大学生心理健康问题不仅仅是大学生的健康问题，已发展成为影响学校教育环境的一个大问题，扰乱了校园安全管理和人才培养，必须要引起学校的关注。本研究旨在了解大学生心理健康状况和特点，分析影响大学生心理健康的主要因素。希望尽快找到大学生的心理障碍，预防和及时干预。大学生心理健康发展，促进未来社会人才的健康发展。①

1. 大学生心理健康现状调查

在对几所高校的大学生心理健康状况调查显示，有60%以上的受访学生承认自己受到过不同程度的心理问题困扰，20%的学生承认自己有心理健康问题，但只有5%的学生进行过心理咨询。

受访者中，40%的人受到人际关系的困扰，33%的学生感到学业压力大，还有25%的大学生不能适应大学的生活和学习环境以及20%的学生受到恋爱问题困扰，13%的学生感觉前途渺茫。

我们的调查与其他相关的调查是比较一致的。2001年中国心理卫生协会对北京6000名大学生心理健康抽样调查显示北京高校大学生心理素质，有16.5%的学生存在中等的心理不良反应和适应障碍，其中达到严重程度的比例为3%～5%；而据研究课题组的报道，有超过16%的大学生存在中度以上的心理问题，并且这一比例还在继续上升。有关单位对南京4所高校1万多名大学生的精神状况进行过调查，结果显示有25%的人有心理问题。南开大学一项对天津市20所高校23万多名大学生

---

① 刘民瑛. 当代大学生心理问题的现状分析与对策. 山东教育学院学报，2005年第2期.

进行的心理健康状况调查结果显示，有25.26%的学生存在不同程度的心理问题、心理障碍或心理疾病。卫生部2003年调查统计显示，我国大学生中，16%～25.4%存在不同程度的心理障碍。2004年7月4日《中国青年报》的一份调查结果报道，大学生中，14%的人出现抑郁症状，17%的人出现焦虑症状，12%的人存在敌对情绪。

一位大学生在校友录上的留言，字里行间流露出的无奈与感伤多少反映了当前某些大学生的心理现状："……上课，枯燥，没劲；自习，无聊，没劲；睡觉，多了也累，没劲；打工，累死累活，让人剥削，没劲……大学让我好失望。为我哭泣吧，我的大学……"

大学生心理健康障碍导致的恶果：

（1）轻生现象频频发生

近十年来，大学校园里有越来越多的轻生现象见诸于报端。

下面是新浪"赢在校园"网发布的一组关于2005年北京高校大学生自杀案例不完全统计。

2005年2月12日中午12时20分左右，20岁的小彭喊着"死亡也是很快乐的事"，纵身跳下中国农业大学西校区的科研楼。

2005年2月18日，中国传媒大学一女研究生在家中跳楼身亡。

2005年4月22日下午4时，北大理科2号楼，一名北大中文系本科女生从9楼坠亡。

2005年5月7日晚9时10分左右，北京大学理科2号楼，该校2002级数学系一名博士生从9楼跳楼身亡。

2005年5月13日，北京大学医学部大三学生张金金在成都双流机场跳天桥自杀。

2005年6月4日下午，中国青年政治学院社会学系一名大二女生从学生公寓4层跳楼身亡。

2005年6月21日22时40分左右，北京理工大学机电工程学院三年级学生张乃健从学校中心教学楼13层的厕所窗户跳楼自杀。

2005年7月25日晚8时，北京大学33号宿舍楼，一名北京大学心理学系2002级本科男生从5楼宿舍的阳台跳楼身亡。

2005年8月26日早上5时许，中国地质大学一大三女生从知春路锦秋花园小区

23楼坠亡。

2005年9月19日晚8时许，广安门手帕口桥北的铁路上，24岁的中央音乐学院管弦系三年级女研究生撞列车自杀未遂。

2005年9月19日，北京交通大学机电学院一男研究生从宿舍楼7层窗口跳楼身亡。

2000年比1999年增加54.5%，2002年较2001年增加97.1%。这些不寻常的现象和受着高等教育的大学生联系在一起，足以引起全社会的重视。

北京市海淀区检察院公布了2005—2006年海淀区在校大学生的犯罪案件分析。两年来，114名在校大学生（包括统招、民办、自考、成教等）被审查批捕，受理审查批捕的85件案件中，侵财案件最多，其中盗窃类案件比率最高。

刑事犯罪固然有社会风气、个人道德品质等原因，但有资料表明，1999年开始上升的大学生犯罪，绝大部分与心理因素有关。

（2）严重影响学习，导致休学退学

心理障碍会使大学生反应迟钝，智力下降，进而产生厌学情绪最后导致退学。据北京16所高校的调查反映，大学生因精神疾病而休学、退学的人数占休学、退学总人数的39.3%和64.4%。突出表现为人际关系敏感、强迫症状、抑郁、敌对等心理障碍，因心理问题不能正常学习生活而休学、退学的学生人数逐年上升。[①]

2. 当代大学生心理健康问题的主要表现和成因

根据我们的调查结果，当代大学生心理健康问题的主要表现依次为：人际交往障碍、学习压力大、不适应大学生活、受恋爱困扰及就业困难的压力等。

（1）人际交往障碍

从我们的调查结果来看，当代大学生非常重视与同龄人的关系，本质上更注重别人对自己的看法。当你和别人相处时，如果和身边人关系和谐，心情会愉悦；和别人相处不好的时候，会心情不好，感到孤独。同时，人际关系障碍还会使人产生自卑、抑郁甚至爱情等相关心理障碍。所以，我们看了很多问卷，许多大学生把人际和谐作为心理健康的第一标准。根据我们的调查显示，60%的学生也把人际和谐

---

① 李淑然，纪秀芹，屠惠明. 北京十六所大学近十年因精神疾病休学退学情况的分析. 学校卫生，1989年第3期.

作为心理健康的第一标准。

目前，大学生人际交往主要有三种问题：不愿交往；不敢交往；不会交往。第一种认为人们之间不需要交往，陷于孤独、孤僻之中；第二种是缺少自信，怕被拒绝；第三种是交往技能缺失，出现交往技能障碍。

显然，人们想要在社会中生存发展，就必须处理人与人之间的关系。特别是对于大学生，离开父母，离开家园到一群陌生人中，还要学习如何处理人际关系。大学是通往社会的桥梁，学生通过扩大沟通范围，相互了解，获得愉快的身心和谐的学习与生活环境，并通过交流信息，提高人际关系的技能，为未来做好准备社会需要，这是必要的。一些大学生由于性格和沟通能力的限制，不沟通和沟通不好，他们应该大胆地在集体活动中自己行事，相信只要真诚大胆，你可以在这个方面取得很大的进步。否则，如果人际关系不好，心理孤独，情绪低落，会产生心理障碍，产生极端的行为。马加爵的案子就是大学生在人际交往方面最典型的代表，因为人际关系障碍，导致心理畸形，产生暴力行为。

人际关系还与品质道德有关，自私、蛮横、孤傲、猜忌、心胸狭窄的人很难在集体生活中搞好人际关系，往往在集体环境中不受欢迎而被孤立。这些人主要是要加强思想修养，提高自己的道德品质水平。

（2）压力过大

在调查中，33％的大学生觉得自己的学习压力太大，普通大学生反映，就业情况越来越严重，他们希望能够在学校学习更多的知识。所以在学习的同时，他们经常学习课外知识，积累能量，或者一入学就开始复习考研，让一些学生在运行过程中超载过多，他们可能不及时排除故障，释放这些未知压力，造成一定的心理问题。名牌大学的大学生为了保持过去"唯我独尊"的地位，必须更加努力。因为对手不是过去的对手，每个人都很强。这使得他们的压力越来越大，他们从未经历过挫折，这是一个考验。这使得自我调节能力差的学生感到困惑，使其中一些不堪重负，非常容易出现心理问题。

（3）对大学生活感到不适应

调查中，25％的大学生对大学生活感到不适应，尤其集中在大一新生。大学生第一次离开父母来到一个陌生的城市，进入一个陌生的环境，和一群陌生的同伴一起生活，心理上会受到强烈的冲击。一是当代大学生多是独生子女，受到父母和老师的呵护，对父母很依赖，自身也有强烈的优越感。但进入大学，都是佼佼者，大家都闪闪发光，大家发现自己的光不再是唯一的，所以优越感也消失了，生活无法照顾和心理上的失落感，使他们无法适应大学的生活环境。第二个是理想与现实的区别。大学生进入大学前常常有一些理想的大学生活幻想，一旦大学生活和自己的想象有差距，心理上的差距就被放大了。第三是学习方法的变化给大学生带来一部分困扰，对于大学教师一课十几二十页，完全以自己的学习方式自学，导致成绩落后，而自己的学习缺乏信心，甚至产生了厌学心理，一些大学生不符合大学生活是一个不容忽视的问题，虽然许多大学生将逐渐适应大学的生活和环境，但有些学生开始适应问题没有解决，造成心理问题，这应该引起大学教育的充分重视。

（4）恋爱问题

越来越多的大学生进入恋爱期，而且越来越早。现在大学生恋爱中的心理问题也是一个需要重视的问题。恋爱是大学生生活的重要组成部分。他们在所谓的"爱情季节"，限制他们的爱情是不实际的，只能正确引导。围绕各种心理问题引起的各种表现：一些因为没有异性恋的朋友和不能容忍的孤独，烦躁，情绪不稳定；一些一厢情愿陷入单思，不能自拔，引发抑郁；有些无法从几个追求者做出选择；有的还发现两者不适合中断关系；由于误解、怀疑产生困扰和不快乐情绪；失恋会造成强烈的自尊、抑郁、焦虑、悲伤甚至绝望等。爱最使人激动人心，也最容易带来痛苦。由于爱情引起的抑郁症、精神障碍甚至自杀、凶杀案在大学校园也不是少数。

（5）巨大的求职和就业压力

现在的大学生面临巨大的就业压力。这对高年级尤其重要，毕业后不少大学生没有找到合适的工作，心理问题突出，相对于城市学生，农村学生由于家庭经济条件对就业更为敏感，心理问题也就比较多。

3. 大学生心理障碍的干预和预防

（1）加强入学教育，使学生尽快适应新的环境

入学教育是使学生了解和适应新环境的有效手段，可以大大缩短学生适应新环境的适应时间，投入正常的学习和生活。

通过专业教育，让学生了解专业的特点，培养目标，教育资源，学习方法，使学生尽快适应大学阶段的学习。新生在军事训练时，对彼此有了新的了解，建立了

感情和友情，使新朋友成为一个很好的机会。有利于学生摆脱父母带来的孤独和焦虑，心情好转投入新的学习和生活。开展新生精神健康调查，使早期发现和预防心理问题，根据不同类型和水平的问题，采取不同措施采取预防措施，做好防御早期心理问题，及时做出措施，使学生获得具体的心理健康指导。

（2）教育学生树立明确的人生目标，勇敢地面对挫折

高校作为社会人才的培养基地，不仅要教学生知识，而且还要帮助学生树立正确的三观，教育学生获取知识的技能，培养学生创新能力。在知识全球化和信息化全球化的今天，知识和信息正在日新月异，重要的是教育学生如何设定生活目标，掌握学习和求知的方法，确保他们的可持续发展。社会也要为大学毕业生提供充分展现自己的平台，更好地实现自己的人生价值。学生有了学习的兴趣，可以有意识地跨入海洋的广阔知识里邀游，拼命学习新知识，发展各种能力，提高自身素质，更好地适应社会发展的需要。

另外，生活的挫折是创造强大、战胜挫折的唯一途径，就是锻炼意志，这是提高能力的好机会。承受挫折能力和个人思维水平，主观判断挫折等相关联。面对同样的玫瑰，有人说美丽的花上长了刺，也有人说刺上长出了美丽的花。悲观和乐观、消极和积极的区别就在于这一点。它揭示了我们应该从自尊心的角度学习，从另一面来刺激自己，不要总是沉迷于沮丧。要相信这个世界不是所谓的失败，失败不等于失败者，只能是曲折的成功。大学生要保持积极乐观的心情，快乐开朗的心境，对未来充满信心和希望，面对悲伤，要学习自律，不要压制自己，善于排除故障。有很多方法可以解决：通过心理训练来提高自己的性格，变得健康快乐；阅读，听音乐，互联网转移不良情绪；找朋友聊天，购物，运动。做到胜不骄、败不馁、喜不狂、忧不绝。正确地了解自我，培养接受自我的态度，避免弱点，不断改善自己。要能够承受挫折，挫折后应该放下心理负担，仔细寻找损失的原因，调整目标，找到新的机遇。

（3）普及心理卫生知识，设立心理咨询机构，开展心理咨询

学校心理辅导是提高学生心理健康、优化心理素质的重要途径。它也是心理素质教育的重要组成部分。心理咨询可以引导学生减少内部矛盾和冲突，帮助正确认识自己，掌握自己，有效适应外部环境。开放义务教育课程，提高自我教育能力。心理素质的提高不能与相应的知识脱节，学习健康等知识体系中分离出来，帮助学

生了解心理发展规律，掌握心理调节方法，提高教育过程的自我教育能力。心理咨询是一项强有力的专业工作，目前，中国心理咨询机构的专业水平还不够，实力不强，学生人气不高。对于大多数学生来说，需要进入心理咨询室或有些勇气，特别是那些内向、懦弱的学生，他们经常需要最多的帮助，但最缺乏勇气。因此，我们也应该加大学校的宣传力度，使学生正确认识和理解心理问题，这对进行良好的心理健康咨询至关重要。

（4）促进校园文化建设，营建和谐健康的心理氛围

大学生健康成长不能与健康的社会环境分离，大学生心理素质的培养与良好的校园文化氛围密不可分。作为一种在教育活动中生产、形成和发展的文化形式，校园精神文化对心理健康教育的顺利开展起着重要的作用。

加强校园精神文化建设，可以营造出良好的心理健康教育氛围，发挥潜移默化的作用，让学生不知不觉地接受心理健康教育，从而拓展高校改善大学生心理健康的方法。通过建设校园文化，积极组织学生开展青年志愿者活动，校园文化艺术节、书画展览、摄影比赛、辩论比赛、演讲比赛、歌唱比赛、体育运动等丰富多彩的活动。

学生在文学作品中表达自己的感受，在辩论比赛中表达自己的口才，在价值冲突中建立和传播正确的观念，在科技活动中展示自己对科学的倡导，追求真实知识等，可以使自己在不同程度上释放能量，开放心灵，表现自己，获得身心愉悦，从而释放和转移一些心理压力，来实现心理平衡和受益。高校也可以利用多媒体教育，形象，直观，有趣，激发学生学习新技术、新知识的积极性、计划性，逐步建立校园网络文化，形成高科技学校教育环境。校园网络成为培养大学生健康人格的主要阵地。学院应该善于利用网络人际交往的平等、自由、广泛，主动开放各种沟通渠道，找出大学生思想道德情况，有针对性地开展工作。

例如，教师和大学生可以利用校园网进行在线交流，告诉事情的核心，进行讨论、评论电影、发布新闻信息、介绍中国传统文化等活动，动员起来大学生的积极精神，或抓住对话交流的重大热点问题和典型例子，联合广播电视、报纸等传统媒体扩大宣传力度。网络建立起与大学生思想沟通的桥梁，潜移默化地净化大学生的思想精神。

（四）大学生心理健康文献综述

对近十年来有关大学生心理健康的文献研究与分析显示，学者的研究主要集中在大学生心理健康的标准、大学生存在的心理问题、影响大学生心理健康的因素以及高校心理健康教育的方向这四个方面。本文着重对这四个方面进行梳理、综述，在此基础上提出今后研究这一问题需要探讨的一些方面。

关键词：大学生，心理健康，综述。

随着社会的快速发展，人们的生活节奏和生活方式的变化，竞争越来越激烈，人际关系越来越复杂，冲击了传统观念的影响，增加了人的心理压力。人们的心理健康已经成为越来越重要的社会问题，大学生作为一个特殊的群体，他们的心理健康问题首当其冲。自2000年以来，大量学者研究了大学生心理健康问题。总而言之，这些现有研究集中在以下五个方面。

1. 大学生心理健康标准

纵观30篇文献，大多数研究者给心理健康下的定义是根据1946年召开的第三届国际心理卫生大会早就提出的定义，即所谓心理健康，是指在身体、智能以及情感上与他人心理健康不相矛盾的范围内，将个人心境发展成最佳的心态。

总结他们认为的大学生心理健康标准，主要有：

（1）智力标准。智力正常是最基本的精神健康状况，良好的智力水平是社会学习的成功、事业成功的心理基础。

（2）情绪标准。情绪稳定，也有好心情是情绪健康的标志，情绪变化应由适当的原因引起，也与情绪反应程度相适应。

（3）意志标准。是指人自觉地确定活动目标，支配自己的行动，克服重重困难，以实现预定的目标的心理过程。

（4）社会适应标准。较好的社会适应性主要包括：①具有较好适应自然环境的能力；②能建立积极而和谐的人际关系，能适应周围的人际关系。

（5）"理想的我"与"现实的我"基本相符。研究表明，不能有效地面对现实，处理周边环境之间的关系导致心理障碍，是精神疾病的重要原因。 所以要面对现实，把握现实，主动适应现实。

（6）心理活动特点应符合年龄、性别特点。人的一生要经历各个不同年龄阶段，每个年龄阶段都有该年龄阶段的特点。

（7）注意力集中度。注意力是一切活动取得成功的心理保证。

（8）人格健全。心理健康的最终目标是保持个性的完整性。健康人格是容忍、钦佩，对别人的善意，不专心，抱怨，每一天都挑剔，但要拥有自我知识，可以正确评价自我。

（9）在不违背大家的利益的前提下，有限度地发挥自己的独特的个性特征。

（10）在不违背社会伦理道德规范和法规的情况下，对个人的基本需求能作恰当的满足。

2. 大学生存在的心理问题

（1）适应不良问题。不利的问题主要是在低年级的大学生和独生子女比较突出。大学生面临的第一个问题是适应，原来的荣耀、自信被扫除，而且由于学生的生活能力较弱，使他们处于新生活中，学习不能在自己的事情面前处理，变得失眠不安、精神压力逐渐增加、食欲不振、烦躁、焦虑、头痛，神经衰弱等症状。

（2）学业问题。学习压力大，缺乏自觉性和主动性，学习目标不明确、学业成绩不理想、学习困难等问题一直困扰着大学生。如过度紧张、焦虑会导致困难集中、情绪烦躁、思维钝化、头痛、失眠、学习效率低下，成绩下降，更多焦虑和混乱，心理不适更严重，所以形成一个恶性循环。另外，一些学生不知道为什么要学习，一些学生对专业不满意，缺乏学习兴趣和自由放任。

（3）人际关系问题。部分学生缺乏人际知识、经验和技能，缺乏自己的公开表达，以及与他人沟通的能力和勇气，随着时间的推移开始避免参与；有些学生因为自己对别人的了解，很难深入或缺乏亲密的朋友；一些由于性格因素不敢与人交往，即使在交往中也造成很大的矛盾和冲突，这阻碍了人际关系的形成，使大学生逃脱、孤独，自我心理强化。

（4）情绪起伏问题。大学生由于年纪小，容易冲动，自我控制和调适能力差，因为有一点胜利就会自满，也会有一点失败而沮丧，加上大学生的经验不深，缺乏社会经验，生活和社会问题往往是不规律的，有时是正确的、深刻的，有时是表面的，导致心理上的偏见和行为怪癖。

（5）恋爱与性的问题。大学生身体发展基本完善，性意识提高。大多数人渴望

与异性交流，并得到爱情，但由于大学生与社会实践之间缺乏联系，缺乏生活经验，严重缺乏性教育，使他们的性心理学没有性成熟，两者的发展不一致。有些学生不能正确地理解性反思的自我，导致堕落、耻辱和内疚。有些学生出现情绪混乱，有些学生不能建立正确的爱情观。性和爱的混乱，使一些学生有紧张的恐惧、害羞的情绪，甚至不正确的行为，导致痛苦、混乱、抑郁、不能自拔。

（6）择业求职问题。一些大学生缺乏社会意识和自我意识，缺乏信心，缺乏勇气，自我评价过高，因自负而造成了错误。一些大学生由于心理能力和自我控制能力差，面临毕业，一方面渴望获得理想的职业；另一方面，也遭受甚至害怕参与就业。面对各种压力，心理不平衡，难以控制，表现出焦虑、恐惧和烦躁。

（7）特殊群体学生的心理问题。独生子女受到家庭保护过多，缺少独立自力更生能力，进步意识不足，不适合集体生活，以自我为中心，缺乏为他人考虑。一些学生没有明确的学习目标，只追求过高的生活质量，而缺乏对人生理想的追求。因此，成就的普遍性需要薄弱、心理脆弱等。贫困学生因经济条件影响自己的才能，自尊心或过度自责使一些学生无法摆脱家庭经济困难的阴影，缺乏自信。而一些贫困学生，学校提供的一切帮助被认为是理所当然的，他们不想参加工勤工俭学，过于依赖各种补贴，从而产生了惰性，不利于其健康心理和健全人格的发展。

（8）耐挫折能力问题。大学生对挫折的心理承受能力弱。一些学生面临学业、生活感情方面的挫折，显得无所适从，感到失去了生活的意义，甚至怀疑人生，遇到挫折后常会出现焦虑、紧张、愤怒、攻击，甚至悲观、逃避或厌世等不良反应，从而影响心理健康。

3. 影响大学生心理健康的因素

（1）生理因素。许多研究表明，一个人的心理健康水平要受其遗传、生物化学物质及脑损伤、年龄、性别、神经活动类型等生理因素的影响。

（2）心理因素。大学生的心理健康与其心理素质和心理承受力有着非常重要的关系。心理因素影响不同的大学生对同一事物的不同评价态度，从而影响心理健康。

（3）学校因素。大学生的主要时间生活在学校里，大学生的成长与发展同学校教育和管理是分不开的。因此，大学生的心理健康不可避免地会受学校因素的影响。

（4）社会环境。当前社会正处于变革的过程中，社会变革强烈，社会生活节奏快。新旧环境的变化和适应，新旧生活习惯，新旧观念和矛盾冲突，使学生内心深深混乱，导致部分贫困学生产生焦虑、抑郁，特别失去重要的人际关系、丧失荣誉感，在一定程度上影响大学生的心理健康发展。

4. 高校心理健康教育

随着大学生心理健康问题越来越严重，大学心理健康教育变得越来越重要。2000年以来，中国知网上有关"大学生心理健康"的大部分文章都谈到大学生心理健康教育。经过一番文献研究，我们可以看出，目前高校心理健康教育状况并不乐观。首先，高校一般没有建立完善的心理健康教育体系，很容易用道德教育来取代心理教育。其次，虽然很多高等院校都建立了心理咨询机构，但一般不完善，因为这些机构没有专业顾问，大多是非心理专业教师兼职，这些机构没有主动关心、发现学生的心理问题，而是被动地等待学生来。在大学生心理健康教育方向上，学者的主要观点是，大学心理健康教育的重点应从以下几个方面入手。

（1）抗挫折教育。在大学生活中，由于各种主观客观因素制约，各种挫折和困难是无法避免的，如环境不适合、学习不开心、专业不满意、人际不和谐、事业不理想、爱情不是顺利等。那些自我形象健康的人，有些人可以说话分享，敢于表达自己的消极情绪，有幽默感的人，虽然会郁闷，但很少表现出极端的行为；那些不接受自己，没有归属感的人，没有人可以说话，不知道如何改变情况，很可能会感到绝望，从而为一种痛苦的选择。因此，大学生有必要进行抗挫折教育。

（2）心理自助教育。心理健康教育大学与中小学阶段不同，其形式应以经验和调试为基础。因此，学生应有意识地提高心理健康意识和自我调节心理素质，掌握自我心理调查的基本方法，良好的自卫自律能力，以防止麻烦。学生应该学习自我激励、自我建议、情绪宣泄、情绪迁移等方法。

（3）建立完善的心理健康教育体系。这包括将精神卫生教育纳入整个教育制度，充分利用心理学问题；把学生的心理管理纳入学生管理制度，真正实现大学生全方位的科学管理；充分发挥心理咨询中心的作用，真正成为培养大学生心理健康的坚实基础。

5. 结语

通过对30篇关于大学生心理健康研究的文献综述，我认为这些研究可以从更广

泛的意义上，更深入、更全面地了解我们大学生心理健康问题、影响因素和高校心理健康教育发展的现状。其中一些为大学生心理健康教育提供了良好的指导思想和新的研究视角，但是我们发现很多文章都有类似的问题，几乎没有学者从新的角度来研究这个问题。

另外，随着互联网对人们生活的影响越来越大，许多学者研究了互联网对大学生心理健康的影响，随着体育运动的快速发展，有学者研究体育对大学生心理健康的影响。总之，大学生的心理健康是一个还未很好解决的社会热点问题。基于现有的文献研究，我认为"大学生心理健康"研究课题也需要从以下几个方面进行讨论：一是了解国内外心理健康状况，以期为学习奠定坚实的理论基础；二是以人的一生作为线索，分析人从出生到生命终止，每一个时期心理健康状况的变化；三是要结合中国的国情和中国的教育发展规划，探讨中国每个学龄期的精神卫生教育发展战略和发展对策。

二、肢体残疾学生锻炼特点与心理健康状况

残疾人体育是残疾人和国家运动事业的组成部分。 残疾人有权利参加体育活动，恢复健身，平等参与社会，实现自身价值是重要途径。残疾人体育锻炼有利于残疾人的事业发展。 残疾人体能锻炼对鼓励残障人士自尊、自信、自力更生，倡导社会认识、尊重、关爱、帮助残疾人发挥重要作用。有利于弘扬爱国主义、集体主义和革命英雄主义思想，激发民族精神的自我完善。残疾人体育是中国向世界展示经济社会发展成果的重要阶段，突出强调保护人权和社会文明。

残疾人体育活动是人体体育活动的组成部分，也是残疾人"平等，参与，共享"的重要组成部分。这完全符合整个人的体力活动。然而，由于残疾人存在身心障碍，使残疾人体育在功能、目的、形式、条件等方面与健康人相比有显著差异，表现出自身特点。了解和掌握残疾人运动的特点，不仅是为了残疾人体育锻炼的科学工作，而且对社会主义精神文明建设有积极的影响。残疾人体育活动的特点主要体现在以下几个方面。

（一）残疾人体育具有康复训练的功能

残疾人体育活动往往与康复训练相结合。通过某种形式的运动，使身体的一部分残疾功能得到一定的改善和恢复。

（二）残疾人体育活动具有分散性、个体性和多样性

由于残疾类型和程度差异，残疾人的身体活动大部分是根据自己的残疾情况进行的，具有很强的针对性，因此适合分散化、个人化和多样化。

（三）残疾人体育具有激励机制

通过体育活动，可以探索刺激进步和培养残疾人乐观的潜力。体育运动是对意志和运动品质的考验，让残疾人在探索潜力的过程中重新认识自己，从而树立起对生活的勇气和信心。

（四）体现人类的精神价值

对于残疾人运动，人们不关心输赢，而是他们挑战极限，超出了自我的精神价值。这个精神价值属于全人类，所以全社会都有很大的精神力量，成为全人类共同的精神财富。

三、肢残生锻炼态度、锻炼行为与心理健康的关系

（一）体育锻炼与心理健康的关系研究综述

"生命在于运动"。随着科学技术和社会进步的发展，人们不断提高自己的能力，体能锻炼除了具有良好的健身功能外，其"健心"功能也逐渐受到人们的关注。体育锻炼正在成为提高人们心理素质和调整心理状态的手段。

1. 前言

心理健康是国内外非常活跃的心理研究领域。根据身心相互作用理论，身体健

康与心理健康有着密切的关系。目前，中国的全民健身已成为一个热点研究领域，体育运动与心理健康的关系也越来越受到广泛的关注，作者对身体锻炼和心理健康问题进行了讨论。

2. 健康的概念界定研究

李力提道：现代医学认为，健康是一种身体、精神和交往上的完美状态，而不是身体无病。介于健康与非健康之间的一种"灰色状态"或"次健康状态"，称为"亚健康"状态。现代社会处于"亚健康"状态的人群是很普遍的。[①]

国际上对健康有清楚的界定：身体、心理和社会适应方面都处于良好的状态。21世纪是信息化的社会，在研究网络对人的发展所起的促进作用的同时，不可忽视的是这种生存方式对人的心理发展产生的负面影响：①网络世界所造成的角色混乱；②网络虚拟世界中的道德问题；③黄色网站导致的性犯罪；④网络沉溺带来的人格障碍。北方认为：随着现代生活节奏的日趋加快，人们的竞争意识加强，人际关系日益复杂和冷漠，抑郁症等抑郁性疾患是最为常见的心理疾患，被人称为防不胜防的"心理"感冒。[②]

因此，心理疾病已成为当今社会的一大主要杀手，心理隐患是越来越多的亚健康造成的主要原因之一。实践证明，服用药物治疗心理疾病不是最好的方法，而且药物对人体有一定的副作用，可能导致身体对药物的依赖和上瘾。越来越多的医学研究人员和体育工作者开始重视和研究体育运动与心理健康的关系。

3. 体育锻炼对心理健康的影响研究

从国内外研究结果来看，已经证明，适当的体育锻炼有利于心理健康，如体育健心操就具有促进心理健康的积极作用。陈大伟认为，参加体育锻炼可以增加愉快的体验，保持良好的心情，减轻焦虑，减少抑郁，从而促进人的心理健康。

体育锻炼的心理保健功能主要表现为：①体育锻炼可调节心态，稳定情绪；②体育锻炼可预防和治疗心理疾病；③体育锻炼可强化自我概念与自尊；④体育锻

---

① 张力为，毛志雄. 体育锻炼与心理健康的关系（综述）. 广州体育学院学报，1995年第4期.

② 刘鎏，唐旭. 我国大学生心理健康与体育锻炼的关系（综述）. 安徽体育科技，2005年第2期.

炼可协调人际关系，促进心理相容。[①] 首先，运动的表现在促进身体的发展，特别是促进神经系统发展，是心理发展的坚实物质基础；其次是体育运动的心理发展，不断提出新的要求和新的问题，从而促进心理的发展。巴里克（G.L.）发现，运动能力好的儿童，情绪变化小，极少自卑，社交能力强，容易成为集体领导者。进入青年期，身体和运动能力对个人发展的影响，需要通过社会评价和价值观作为媒介，个性发展智能间接影响。

体育运动可以产生脑肽，刺激下丘脑，然后有愉快的体验，这是体育运动积极调解情绪的角色。另外，经常从事体育锻炼，享受运动成功的快乐，承受挫折的压力，可以大大提高情绪自控能力，也有利于更积极的态度应对生活的挑战，适应各种的生活环境。通过群体运动，增加人与人之间的联系，使社交互动增加，逐渐开朗起来，帮助消除孤独症，从社会需求上获得满足感，以达到人际功能和社会功能的调节。为了克服独生子女的孤独感，组织一些团队活动，帮助儿童克服不良心理。

独生子女的不健康心理倾向表现为自私，任性，以自我为中心，缺乏责任感和同情心，占有欲和依赖性比较强。适当的体育活动可以克服这些不良心理问题，使这些孩子的心理健康发展。特别是在运动中要高度集中，除了避免发生事故外，还有利于培养自己的意志和健康的心理，使他们成为身体和心理上都非常健康的人。中年时期，虽然对事业和家庭全身心投入，但往往力不从心，容易导致过度的心理负担，精神难以放松。体育活动可以缓解心理压力，保持心情愉悦。老年人参加体育活动，可以平衡退休后的生活状态，让老人生活充满快乐，减缓衰老。总之，运动可以增强老年人的心理健康，保持快乐，这是预防疾病的手段，也是保证老年人的晚年幸福生活。

总之，体育锻炼可以促进心理学的发展，在情绪调节中发挥积极作用，形成和完善健全的人格，与促进人类生物功能的心理过程和社会功能的调节密切相关。因此，体育运动的参与是促进和维护积极、有效、理想的心理健康的重要途径之一，要大力推行和实施。从心理健康角度来说，培养体育运动兴趣和习惯，不仅仅是强调体育活动可以增强体质，更有利于形成终身体育意识。

---

① 张力为，毛志雄.体育锻炼与心理健康的关系（综述）.广州体育学院学报，1995年第4期.

4. 促进心理健康的体育锻炼手段研究

体育运动要取得较大的心理效应，受运动处方的运动种类、运动强度、持续时间、运动频率四大因素的影响。

（1）运动类型。可以发挥运动的良好心理作用是：快乐、有趣的运动；有氧运动或节律性腹部运动；避免人际关系运动；可以自我运动。

（2）运动强度。目前，大多数研究表明，运动强度适度可以实现更大的心理效果。适度的运动强度可以改善情绪状态和疲劳状态；相反，高强度运动可能会增加紧张、焦虑等负面情绪。

（3）运动持续时间。每次运动至少20～30分钟；60～90分钟的运动会产生理想的心态。但运动的持续时间太长对心理健康没有积极作用。

（4）运动频率。美国运动医学会提出，有氧运动大肌肉运动，每周3～5次，最好每天一次。中国传统民间运动是历史赋予的宝贵资产。研究人员已经表明，参与民间传统体育锻炼（跳绳、跳皮筋、拔河、踢毽子）有利于改善心理健康，提高心理状态。东方传统运动太极拳和瑜伽等，正常情况下的慢练习，也可以影响心态，减轻焦虑程度，改善躯体化、强迫、人际关系、抑郁、焦虑、敌意和其他方面都有明显的效果。

综上所述，通过适度运动强度的体育锻炼，适度的运动时间和有氧运动，可以获得更大的心理影响。对于传统运动，我们应该继续挖掘运动的价值，并进行科学、理性的转变，使它大放异彩。

5. 小结

体育锻炼与心理健康密切相关。它们互相影响，互相制约。因此，在体育锻炼过程中，要抓住心理健康与体育锻炼相互作用的规律，运用健康的心理学来确保健康运动的效果；使用体育锻炼来规范人们的心理状态，促进心理健康。让所有人都意识到身体运动与体育运动之间的关系，有利于人们自觉、自愿地进行体育锻炼，调整心情，促进身心健康，从而积极实施全民健身计划。

（二）体育运动对促进心理健康的作用

学生的心理健康问题已经成为学生、家长、大学甚至社会的共同关注点。本文通过文献分析了学生心理障碍的原因和类型，阐述了体育对学生心理健康的影响，认为体育不仅能够改善大学生的身体健康状况，还可以改善学生的心理健康，治疗学生的心理疾病。

近年来，许多调查表明，大学生的心理健康状况令人担忧。据2002年中央电视台12月16日的报道，我国大学生患心理疾病已达到18.46%，而且还有上升趋势。[①]解决大学生的心理问题迫在眉睫。

1. 大学生心理健康的标准和特征

（1）学校心理

心理"健康不仅是指没有疾病或身体强壮，而且要有健全的身心状态和社会适应能力。"[②]心理健康是完整健康概念的组成部分，在个体的健康与疾病中起着重要的作用，同时也是个体良好素质的具体表现。

大学生的身心健康与未来高科技团队的健康水平直接相关。长期以来，人们的身心健康只能被理解为身体健康，心理健康早已被忽视。根据运动的特点和大学生体育活动的心理状态，本文从一些大学生心理健康水平低下的角度，探讨了体育对大学生身心健康的影响和作用。

毛泽东曾讲："身体是革命的本钱。"法国启蒙思想家伏尔泰也在很早就提出了"生命在于运动"的至理名言。对于一个人而言，可见，好的体质是多么重要，体力来源于身体强壮。简而言之，体育锻炼对于我们每个人来说都是意义非凡的，特别是对我们大学生来说。

大学生是一个相当特别的人群。我们经常忽视体育锻炼，把大部分时间花在应付沉重的工作负担和其他事情上。此外，我们需要学会生活，以便我们长久生存，所以我们需要身体锻炼来加强身体素质。

大学生应该了解现代健康的新观念——"机体功能活动正常"是健康，这是健康意识。虽然这个健康概念更客观地反映了身体健康的本质，但只注意到人的生物属性，忽视了人的社会属性，并没有全面包含人的心理状态。更精确的健康概念应该是三位一体的健康概念，世界卫生组织将人体健康与生理机能、精神状态和社会适应结合在一起。

---

① 陈晓洁. 体育锻炼对心理健康的影响. 科技咨询，2010年第25期.

② 李伟. 你的心理状态符合健康标准吗. 职高生，1996年Z2期.

在健康的三个要素中，身体健康是基础，也正是其他健康要素的发展前提和保证。身体康应该是身体机能正常，各器官的功能协调，良好的新陈代谢。较高的身体健康水平体现为良好的身体素质，身体素质是满足生活需要，有足够能量完成各种活动的能力，需要从身体的能量物质储存器官汲取能量。体育锻炼是一种改善身体健康的关键方式和有效的方式。

心理健康是身心健康的重要组成部分，是对健康状况的全面关注。指的是一个自我感觉良好的人和他人和社会保持和谐的状态。良好的心理健康和体育锻炼是不可分割的，体育锻炼可以培养顽强的品质，调整心理平衡，减轻心理紧张。

健康概念的科学延伸是社会适应性，反映了时代对人类进一步要求的发展。它指的是个人与他人和社会互动，人际关系良好，发挥社会作用的能力。

（2）体育锻炼对大学生学习的影响

①有足够充沛的精力，能从容不迫地应付日常生活和工作的压力而不感到紧张；②处世乐观、态度积极、乐于承担责任；③善于休息、睡眠良好；④应变能力强、能适应外界环境的各种变化；⑤能抵抗一般性感冒和传染病；⑥体重得当，身材匀称，站立时头、肩、臀位协调；⑦眼睛明亮、反应敏锐、眼睑不发炎；⑧头发有光泽、无头屑；⑨牙齿清洁、无龋洞、无病感，齿龈颜色正常、无出血症状；⑩肌肉皮肤富有弹性。

（3）体育锻炼对大学生身体的影响

首先，运动能增强体质。每天在沉重的学习和生活中，如果你想要轻松处理，强壮的身体对于坚强的后盾至关重要。另外，强大的体质可以帮助我们抵抗许多疾病的入侵，从而避免干扰疾病，所以有更多的时间来更好地开展大学生活。此外，从长远来看，强大的身体也有助于延长我们的生命。体育锻炼有助于智力的发展和提高。经常参加体育锻炼，可以促进大脑的开发，使神经系统的兴奋和抑制过程更加集中，对外部刺激的反应更加迅速、准确，还可以提高人的视觉、听觉、感觉、神经传导速度、神经过程的均衡性和灵活性，促进神经系统功能的增强。

2. 体育锻炼对心理健康的积极影响主要表现在以下几个方面。

（1）改善情绪状态

衡量体育锻炼对心理健康的影响最重要的指标是情绪状态。感觉沮丧时运动可以有效地排出不好的心情。特别地，可以转移在挫折之后产生的冲动。大学生由于过多的考试，相互竞争，担心未来的工作任务，常常会有焦虑反应。经常参加体育锻炼可以减轻焦虑。

（2）提高智力功能

经常参加体育锻炼可以提高自己的智力功能，不仅要运用注意力、记忆力、反应能力、思维能力和想象力等提高能力，而且使情绪稳定、快乐，这些非智力因素可以积极促进人类智力功能。

（3）确立良好的自我概念

自我概念是对自己的身体、心灵和情感等的个人主观评估，它由很多自我意识组成，包括"我是什么人""我主张什么""我喜欢什么"等。体育运动让人们正确认识自己，运动中的人，对自己的身体满意，可以增强自信心，提高自尊心，竞争过程中可以承认自己的社会价值。由于坚持体育锻炼能使身体强壮，精力充沛，因此体能锻炼可以改善人的身体素质和心理问题。

（4）培养坚强的意志品质

意志品质是指一个人的决定性、坚韧性、自我控制和勇气，韧性和主动性等精神，在克服困难的过程中培养和表现。在体育锻炼中，持续克服客观困难（如气候条件变化、行动困难或意外障碍等）和主观困难（如恐惧、恐惧、疲劳和运动伤害等），越好地克服主客观困难，越能培养良好的意志品质。体育运动可以培养人的勇敢顽强、坚持不懈、团结合作的意志。大学生从中培养起来的意志品质可以转移到日常的学习、生活和工作上，发挥积极作用。

（5）消除疲劳

疲劳是与人类生理和心理因素都有关的症状。当一个人的情绪低落或任务超越个人能力时，身体和心理上都会迅速产生疲劳。大学生激烈的学习和就业压力容易导致身心疲劳和神经衰弱，保持良好的情绪状态，参与适度的体育运动，可以放松心情。

（6）增进快乐，调节情绪

大学生参加体育锻炼，特别是那些喜欢和擅长的项目，可以让他们从中获得快乐。一些研究表明，经常进行身体活动的人，大脑将分泌一种肽可以主导心理和行为，起着令人兴奋的作用。该研究还认为，体育运动是使中枢神经系统得到适度的紧急情况，达到令人愉快的水平。因此，要参加体育活动，学生可以获得乐趣，激发精神，排除不良情绪，促使学生总是处于积极的情绪中。体育锻炼对于患有神经

衰弱等疾病的学生，有一定的改善和治疗，是减轻紧张和抑郁引起的神经系统病的积极途径。

（7）治疗心理疾病

身体锻炼被认为是治疗心理疾病的方法。在大学生中，很多人由于学习等方面的挫折产生焦虑和抑郁，通过体育运动可以减慢或消除这些精神疾病。由于运动的集体性，体育运动中的人际交往可以促进良好的人际关系发展。体育可以培养合作和竞争意识，这是现代社会的人才必备素质。

3. 结论

综上所述，在分析了体育锻炼对健康的影响后，不难看出，体育锻炼不仅能强健身体、增强体质，还具有完善身体、发展身体、修炼人生、健康心灵、健全人格、提高适应能力等功效。

（四）体育活动对大学生心理健康的促进作用

1. 结合不同体育项目的特点，有针对性地协调大学生的个性和性格

各种不同体育项目对不同的心理特征具有不同的治疗效果。例如，孤独不合群可参加集体项目，急躁易怒者可参加缓慢而持久的项目，胆怯腼腆者可参加需要勇气的项目，优柔寡断者可参加当机立断的项目，能帮助确立办事果断的性格，遇事紧张者可选择参加比较激烈的体育比赛，通过锻炼以培养在形势多变的情况下保持冷静沉着的本领。

此外，健美操是近年来最受大学生欢迎的体育项目之一。它的动作简单大方，很容易掌握音乐伴奏中的动作要求。健美操对大学生有着心理美学的人文概念，塑造了人体的外部身体美感，充满了"内在"的激情，同时在改善身体素质的同时，表达了积极的时代精神。身体训练与健美操的结合，不仅能提高大学生的积极性，提高学生的整体素质，而且可以矫正不良的身体姿态，改善身体，培养优雅的气质，从而达到内在的美感和外在美的和谐团结。

2. 利用体育活动的竞争性、集体性和规则性，培养大学生良好的心理素质，懂得社会和适应社会

我认为社会化是衡量大学生心理健康水平的重要标准之一，大学生毕业后上班是就是完全进入社会。大学生能够理解社会，服务社会是大学体育教育成功的重要

指标。体育有竞争力、集体性和规律性等特点，这些特点提高和培养了大学生良好的心理素质，提高了大学生适应社会的能力。

（1）体育活动的竞争性有利于提高大学生的适应能力

体育教育可以充分利用学生的空闲时间开展各种体育活动。体育教师可以去体育协会进行体育活动。所以每个人都有一个项目，周周对抗，月月比赛。打破传统竞技体育项目，根据学生的实际情况，组织各种体育比赛。使学校体育比赛普及，大力改革现有的竞争项目，发展越来越适应所有大学生的体育比赛活动，不时组织宿舍、班级、院系之间不同层次和规模的比赛。

改变过去的体育比赛只有少数人参与到所有大学生参加比赛的情况下才能吸引更多的学生参加比赛。试图培养大学生对体育活动的兴趣和主动参与体育活动的积极性。把大学生从电脑前引领到体育锻炼中。让学生在学校这个大集体里，可以快乐、健康地生活学习。大学生掌握体育运动技巧，可以提高自己的生活自理能力，培养具有竞争意识和团结合作意识，帮助他们适应社会需要。体育教育也要求学生只有自觉主动地参与体育锻炼，才能有效提升体育成绩，达到大学生运动水平的标准，是一种典型的自律方式，可以帮助其他学科的学习。在体育教育中，大学生可以获得很多机会与他人互动，学习相关的沟通技巧，获得必要的培训和实践，能够快速适应大学生活，也为未来适应社会打好基础。

（2）体育活动的集体性有利于提高大学生的自我认识和心理承受能力

各种体育活动可以加强大学生意志品质的培养，培养健康的心理和健全的人格，运动中既可以展示一个人的优点，也能展示出一个人的缺点，让自己对自我有一个更现实的理解。运动过程有助于自我教育，正确理解自我，自觉地修改自己的理解和行为。培养和提高社会需求的心理素质和能力，使自己既能够满足社会需求，又能适应社会。体育有困难、激烈、激烈、对抗和竞争的特点，使大学生在体育竞赛中的竞争中脱颖而出，不断地磨炼自己的意志力和抗压能力，提高心理适应能力，体味生活。科学证明，身体活动可以释放大学生的抑郁，缓解精神疲劳。定期锻炼可以使大学生心情放松、积极奋斗、勇于开拓，增强学生的社会活动能力，促进身心健康发展。

（3）体育活动的规则性有利于培养大学生的行为规范意识

俗语说，没有规矩不成方圆。

体育可以提供教育场所的社会规范，实行社会规范的模拟，但每个体育项目都有自己的竞技规则和要求，在体育活动过程中，必须制定明确详细的行为准则。这样，每个大学生都有意识地使用规则来约束自己，运动规则在无形中具有了约束力，大学生通过参加体育运动学会，遵守纪律，学会自我克制，学习公平竞争。教学中的体育课程、教学要求、评估要求和标准也有利于形成大学生规范意识。

体育教育对大学生心理健康的影响是非常明显的，具有不可替代的作用。大学生体育教育的健康教育被称为"在育体中育心"。体育运动有其独特的特点和魅力。如果我们计划、有意识地设计体育活动的场景，有意识地培养大学生的心理素质，对大学生心理健康教育，体育教育将发挥更大的作用。

（五）体育活动对改善心理健康的作用

1. 改善情绪状态

情感与情绪是客观的，现实的态度和心理健康标准的一个方面。生活在复杂社会中的人往往会产生忧郁、紧张和其他情绪反应。运动不仅可以转移不愉快的意识、情绪和行为，使人们摆脱麻烦和痛苦，摆脱不好的心情，及时宣泄。适当的运动可以改善人们的情绪。人们遇到挫折时，大脑会形成强烈的刺激，导致兴奋，人的痛苦和抑郁，如果能积极参与体育锻炼，可以转移大脑皮质中心的兴奋。换句话说，人们经常参与运动，只注意身体的运动，会忘却烦恼，暂时转移注意力，有利于大脑活动的调节。同时，运动也可以增强人际关系，改变孤独、自卑、忧伤等心理，调节整个神经系统，保持心理健康。

2. 确立自我概念

自我概念是对自己的身体、思想和感受的个人主观评估，它由许多自我知识组成，包括"我是谁""我主张什么""我喜欢什么"。所以，体育活动要改变自己的身体形象，男孩变得强壮有力，女孩长得更高，改善身材的外观。身体表象是指头脑中形成的身体图像。有很多学生身体不平衡，这种情况很常见，随着年龄的增长，这个身体出现更明显的障碍，人口比例也更高。例如，男孩对自己的体重更不满意，而女孩更有可能高估自己的身高，低估她们的体重。通过适当的体育活动，改善身体外观，克服心理障碍，达到身体自尊，这是现代体育健康教育研究关注的问题之一。

3. 消除心理紧张，促进心理健康

强烈的社会竞争和生活压力可能导致悲观情绪，导致抑郁、孤独等心理障碍。运动可以改善他们的心理功能、身体素质，掌握一些运动技能。心理有障碍的人通过参加体育运动会得到心理上的满足，从而增强自信心，消除抑郁、悲观等消极情绪，消除心理障碍。在国外，体育运动被认为是心理治疗的方法之一。

4. 体育运动有助于坚强意志品质的形成

意志品质是指一个人的果断性、坚韧性、自制力以及勇敢、顽强等品质，是在克服困难的过程中培养起来的。在体育运动中，要不断地克服客观困难（如气候条件、动作的难度或外部障碍等）和主观困难（如胆怯和畏惧的心理、疲劳和运动损伤等），越是努力克服主客观方面的困难，就越能培养良好的意志品质。

5. 体育运动有助于智力的发展

正常的智力是理解世界前提的权利，是心理健康的基础，心理健康是第一标准。一方面，经常参与运动，可以促进大脑的发育，增强神经系统的功能。现代医学研究表明，在信息容量、记忆容量和形象思维能力方面，右脑能力大大超过左脑。运动能使右脑的这个能力再大大提升。另一方面，体育运动可以集中神经系统的兴奋，准确做出外界刺激的反应，更能提高人的视听感觉和神经传导速度，神经过程的平衡和灵活性，促进神经系统功能增强。人们在学习过程中，该地区的大脑皮质处于高度兴奋的状态，随着学习时间过长，疲劳感加剧，导致学习效率下降，然后参加运动，由于体力活动和脑力活动的交替进行，运动神经中枢兴奋，而学习有关的脑细胞得到休息，这样可以消除脑力工作引起的疲劳，提高学习效率。

6. 体育运动有助于人际关系的改善

体育运动使人们聚集在运动赛场上，平等、友善、和谐的竞争中，让人们有相互亲密的感觉，不需要语言，只需一个手势就可以直接或间接地进行交流，默契度高，特别是在集体活动中，参与者可以广交朋友，融入到集体中，作为团队成员而心情舒畅。

7. 治疗心理疾病

体育活动已经被公认是一种良好的治疗心理疾病的方法。美国的一项调查显示，1750名心理医生中，80%的人认为体育活动是治疗抑郁症的有效手段之一，

60％的人认为应将体育活动作为一种治疗方法来消除焦虑症。[①]

四、肢残生与健全生体育锻炼与心理健康的比较

（一）残疾人的心理特点与沟通技巧

心理学是人脑中客观世界的反映。人类具有生物和社会双重属性。一个人或一个群体的心理形成受到天生遗传质量和身体生理机能的影响。同时，其生活条件、教育环境、社会地位、实践活动、生活经历也起到重要的作用。因此，老师、护士、士兵等不同职业的群体通常都有共同的心理特征。残疾人和健康人不具有"质"的差异，只有"量"的差异。不同类型的残疾人，通常具有共同的身体缺陷和类似的生活经历，从而形成了一些共同的心理特征。残奥会的运动员分为视力残疾运动员和肢体残疾（含脑瘫）运动员两大类，本节讨论这两类残疾人的心理特点。

1. 视力残疾人的心理特点

健康人感知世界的主要途径是视觉、听觉、触觉、嗅觉、运动等方式，其中视觉获取大约80％的信息。换句话说，视觉是改善对外界看法的一个非常重要的途径。视觉与其他感官相比具有以下优点：广泛的感知力，灵活的转移；快速的感知度，远距离的感知；感觉更全面。视力是残疾或完全盲的，或只能看到事物的模糊形象，具有共同的生理特征，接收外部信息主要依靠听觉、触觉、嗅觉、运动等方式，健康人不同，因此造成视觉残疾个人心理过程发展的特殊性。但同时也有许多与健康人相同的本质特征，如个人心理发展规律完全一致，从简单到复杂，从具体到抽象，从被动到主动，进入系统的过程；个人视力障碍的发展也受到先天素质和身体成熟程度的束缚；环境和教育也是视觉残疾的发展，个人的决定性条件。那么，视力残疾人士在感知外界时有什么特点？这些特征如何影响他们的心理特征？

---

① 李文霞．体育疗法在大学生失恋心理障碍中的干预研究．广西师范大学，2010年硕士论文．

视力残疾对个体感觉的影响：

（1）听觉功能有所增强。俗话说，"盲人的耳朵特别灵"。其实视力残疾人士的听力要比健康人的听力好，因为丧失视觉功能，他们更加注意获取听觉信息，因而形成较高的听觉注意力；声音信息分析更加细致，具有更高的听觉能力；多年听觉经验的积累，形成更高的听力记忆。这些说明显示，视力残疾人的听觉在一定程度上补偿了视觉缺陷，同时提高了听觉功能。

因此，视力残疾运动员可以借助领跑员的声音进行赛跑比赛。门球比赛时，视力残疾运动员通过球里的小铃铛发出的声音判断球的位置。同时，视力残疾人士的听觉也容易受到环境的干扰。因此，视力残疾运动员在比赛时要求观众保持安静、手机静音等。否则，视力残疾运动员可能将观众发出的声音误认为是裁判员的声音而做出犯规动作。

（2）触觉感受性高于普通人群。视力障碍者主动用手，使其触觉感觉高于一般人群。视力障碍者经常依靠触摸来区分不同属性的物体（如大小、形状、结构、温度、光滑度、硬度、重量、比例、距离、方向等）。

（3）依靠视觉以外的信息形成空间知觉。视力残疾人主要依靠听觉、触觉、嗅觉、运动等方式，可以了解物体与自身在空间中的位置关系，形成空间感知并做出定向运动。例如，具有视力障碍的运动员可以通过步幅的运动形成距离感，使他能够以最佳距离跑步跳跃。

有视力障碍的人看不到，但遇到的障碍物，会像看得见一样主动避开障碍，人们将这种"奇怪"现象称为远程感知障碍，作为声音回声的判别技术"障碍"。因此，不能随意改变盲人生活、学习、工作环境。

（4）部分或全部地丧失视觉。由于视力障碍者只能感知到部分视觉信息或感知到较不清晰的视觉信息，导致缺乏个人视觉感受或不完整，所以难以形成完整的视觉表现。如视觉障碍的人知道铜，他可以用触摸感知铜的硬度、温度，你可以击打铜块，听到铜的声音，但他不能察觉到铜的光泽、颜色，很难形成对事物的完整了解，所以他们很难理解"青铜器"。

2. 视力残疾对个体注意的影响

（1）有意注意增强。视力残疾人的听觉、触觉、嗅觉等有意注意有所加强，其中，视力残疾人对听觉注意更为突出。

（2）注意稳定性相对较高。一般来说，对方的服装、衣着、风度等变化，都会引起注意力的干扰，视力不受这些视觉刺激的影响，仍然能够平静而平静地"听"。

3. 视力残疾对个体记忆的影响

（1）一般听觉记忆和触觉记忆为主。 先天失明的视力障碍者无视觉外观，它们对颜色、光和阴影等没有概念，缺乏视觉表达的盲人；后天盲的视力残疾人因为无法强化失明前的视觉表象，也逐渐消失。有残余视力的视力残疾人可以获得一定程度的视觉表征。因此，听觉记忆和触觉记忆通常是他们的记忆。

（2）机械识记的能力较强。在识记方法上，视力残疾人具有很强的机械识记的能力，短期记忆的长度往往优于同龄的健康人，依靠敏锐的触觉来区分和记忆各种各样的特征用过的物品。

4. 视力残疾对个体想象的影响

（1）听觉想象丰富。虽然视力残疾人想象力因为视觉缺失而有限，可能很难领会"日照香炉生紫烟""落霞与孤鹜齐飞"的意境，但是，他们可以形成听觉想象。视力障碍者常常把普通人不注意的声音信息或词汇在一起，扩大了丰富的想象力。例如，通过对话、听声，以及专业评论，视力残疾人可以享受电影。

（2）以视觉表象为材料的想象受到限制。由于个人的想象力是以个人生活经验为基础的，所以先天性或早期的残疾观念难以产生丰富多彩的风景如画的想象力。

5. 视力残疾对个体思维的影响

（1）用语言工具进行思维。视觉缺陷往往不会影响视力残疾人的语言发展，他们通常善于使用语言工具来思考，并能够进行复杂的逻辑思维。

（2）思维受到一定的影响。视力残疾人士在实践的时间、范围和多样性方面不可避免地受到限制，视力障碍的内部活动也减弱。因此，在一定程度上会影响到残疾人思想发展。如由于缺乏视觉表现，对事物的看法有限，作为推理分析的基础很可能会产生错误的判断。

6. 视力残疾人士的语言特点

由于视力残疾人的语言发展一般不会受到视觉缺陷的影响，因此，他们的语言文字能力与常人无异，并且能够进行复杂的逻辑思维。

（1）口语发展好。视力残疾人由于正常的听力功能，因此语言能力达到同龄人的同等水平。 在书面语言中，整个盲人都需要使用盲文，残余视力的人可以借助于阅读器阅读印刷文字。

（2）盲文。盲文又称点字，国际通用的点字由6个凸起的圆点为基本结构组成，是专供盲人摸读、书写的文字符号。1829年由法国盲人路易·布莱尔（Louls Braille，1809—1852）发明，国际上用他的名字来命名盲文（Braille）。

点字盲字，在纸面上有的凸起，有的不凸起，形成64种变化，即64种符形，在每个符号（单位称"方"）左右两列，每列各3个点，从左边自上而下叫作1，2，3点，从右边自上而下叫作4，5，6点。

①数字盲文

解读：每个数字的盲文前面都有个"3456"点符形，是数号，表示后面的读作阿拉伯数字。

②英语字母盲文（英语一级盲文）

解读：英语盲文a~j都只是用了1245点位，和数字的点位一样；k~t是a~j下面加上第3点。

7. 视力残疾对个体个性心理的影响

目盲带给视力残疾人的不仅仅是身体、运动、认知发展的影响，同时还直接或间接地影响个性心理特征——人格的形成和发展。

（1）视力残疾人视力失明的程度是影响人格建构的内在因素

参加残奥会运动员应是最强大的生活者，他们可以理性地看待和治疗自己的残疾，在运动中发挥自己的专长，获得生活乐趣。但是，如果视力残疾人无法正视自己的缺陷，由于残疾和自闭，不积极与人交往，加之客观上活动不便，这种与世隔绝的生活方式不利于他们健全人格的发展。

（2）社会环境也是影响视障人士人格发展的因素

社会环境是人类物质文明和精神文明的象征，包括心理和社会环境（如人类行为、习俗、法律和语言等）和物理的社会环境（如建筑物、道路等）。如果社会对盲人有偏见，对他们不公平、不好，甚至歧视；周围的人们与他们没有沟通；缺乏满足盲人需求的社会便利设施都会对视障者增加负面情绪。例如，北京残奥会各地的许多盲人运动员都是第一次到北京。对于体育馆、住宿场所和北京的历史文化、文化习俗和地理环境，他们不熟悉。如果没有及时有效的帮助，自然会产生焦虑甚至恐惧情绪，影响比赛时的正常发挥。因此，志愿者的热情服务既是帮助他们解决

困难，也让他们感受到被尊重。

8. 肢体残疾、脑瘫者的心理特点

身体残疾在感知、注意、记忆、思维等认知过程和普通人没有明显差异，但由于身体的破坏，一定能力的损失和随后的社会作用，经济收入的变化，以及一些不正当的态度带来社会的不正确价值观，使身体残疾在个性特征上与健康人的特点不同。这些特征主要通过矛盾的过程来呈现。由于残疾程度、残疾时间和残疾人的不同生活环境，这些特点是不同的。

（1）独立性与依赖性

独立意识是指个人渴望摆脱对自我意识的监督和纪律。作为一个心智健全的人，身体残疾的人也希望获得与健康人士相同的权利，要求社区认可他们的社会资格。他们独立行事，他们渴望自己安排自己的学习和生活，积极组织和参与各种社会活动，与同龄人一起探讨问题、交流思想、探索生活的奥秘；喜欢自己解决问题；不喜欢别人指责、干涉和控制他们的言行过多。但由于学习、就业和部分经济不能独立等问题，他们需要靠别人的帮助来解决一些实际的问题，但又不愿意展示他们的依赖。这反映了独立与依赖之间的矛盾。

事实上，只要条件允许，肢体残疾人可以从事许多想从事的工作和活动，从中得到成功和奋斗的乐趣。在雅典残奥会上为该国夺得4块金牌的传奇式射击选手乔纳斯·雅各布森是瑞典射击协会会员，平时和健全选手一起训练，而且还总是打得比别人都好。他说："如果将残疾人打入另类，才真会有问题。我们和健全人真的没有很大不同。我们其实并不想让别人管得太多，我们能照顾好自己。"

（2）孤独与交往

肢体残疾人和健全人一样渴望与人交往。

人际关系技巧是持续改进的过程。身体残疾的人往往因为行动不便或社会环境的制约，产生孤独感。事实上，身体残疾的人们渴望与人交往，他们更需要友谊和别人的理解，他们想参与各种活动，通过人际关系找到温暖感，了解世界，获得友谊，满足自己的物质和精神上的各种需求。从心理上讲，每个人都是一个自然的自我中心，每个人都希望自己的价值被别人承认，支持自己，接受自己，喜欢自己。因此，在社会互动中，更加注重自身的自我表达，来吸引别人的注意。人际沟通是利用语言或非语言符号来交流观点、交流想法、表达感情和需求的过程，通过形成人际关系和心理关系，得到他人的关注和支持。

（3）自尊与自卑

自尊是个人身心健康的支柱。尊重自己成就感和自我价值，也尊重他人。身体残疾的人也需要被尊重，他们希望别人按照他们的实际形象接受他们，并认为他们有能力胜任工作；希望自己的生活自己掌控。当他们赢得人们的尊重时，他们就会充满信心，认为实现了自我价值。这类需求不被满足将使他们感到沮丧。如果别人给予的荣誉不是基于他们真正的学习能力，而只是虚构的，也是威胁到他们的身心健康。

（4）情绪与理智

情感是人们对事物的态度体验。快乐、愤怒、恐惧、悲伤是四种情感的最基本表现，人们所有的活动都是有情感印记。肢体残疾人由于身体缺陷，更有可能过分关注自己，对他人的态度和评价更加敏感，具有强烈的自我保护意识。另一方面，身体残疾人虽然社会活动的流动性已经下降或变化，但大脑是健全的，广泛的兴趣、清晰的思路让他们常常思考如何能够自立于社会。

（5）生理补偿与心理补偿

当身体器官有疾病或有缺陷时，其他器官的功能将相应加强，弥补其某一个功能的缺失，即所谓的生理补偿。任何配对的器官，如果其中一个受损，另一个器官可能会异常发育。在另一个对应的器官损伤的情况下，一个肺叶或肾脏有能力进行非凡的工作和倾向。即使不同的器官也可以相互补偿，这是一种生理适应机制。人体固有的补偿功能可以补偿一切生理缺陷。

心理学家发现，残疾人对补偿缺陷有很强的要求，这一要求是心理补偿的表现，是一种心理适应机制。当然这种心理补偿的程度有所不同，但其作用往往很强。例如，残疾运动员为自己确立目标，设计达到目标的途径；为达到目标而刻苦训练、顽强拼搏。这种补偿行为达到极限，可以形成"过度代偿"，使尚保留完好的肢体器官功能得到超水平的发展，比赛时达到超水平发挥。在生理上，身体正在努力弥补，力求平衡；心理上，发挥极致的主观能动性，让生命之光更加辉煌。在生理补偿的基础上，积极进行心理赔偿，才造就了如此众多的残奥会优秀运动员。

（6）语言年龄与生理年龄

语言年龄是指一个人的语言发育水平。生理年龄是指一个人的实际年龄。

造成肢体残疾的原因多种多样，如神经系统损伤、肌肉萎缩、关节病损以及意外的肢骨折断、肢体切除等，其中，脑性瘫痪（简称脑瘫）是一个重要原因。一般骨骼（包括关节和骨）的病变导致的肢体残疾，不会出现语言的发育问题，即其语言年龄和生理年龄是一致的。脑瘫是脑部在尚未成熟阶段受到损害或损伤，形成以运动和知识障碍为主要临床表现的伤残综合征，同时可伴有不同程度的听觉、言语行为障碍及智力障碍、癫痫。脑瘫患者的语言障碍是脑损伤所致，70%～80%在言语输入系统与输出系统有不同程度的障碍，其语言年龄明显低于生理年龄。

由于呼吸、共鸣、言语、大脑综合都受到脑损伤的影响，脑瘫患者的语言障碍表现为：①呼吸、发音异常。呼吸不规则、呼吸表浅、呼吸调节困难等引起发音声小、无力或爆发性发音、发音困难。②构音运动异常。因脑瘫患者不能正确控制口唇、舌、下颌、软腭等构音器官的运动，会出现言语清晰度低下，言语速度缓慢或过快、鼻音过重等。③听觉障碍。听力低下、吐字不清等。语言能力的低下阻碍了他们与外界的交流，心里有话说不出，说出来担心不能被人理解。这种语言年龄与生理年龄的矛盾碰撞使得脑瘫患者交流意欲较低，对周围的事物、对他人的关心程度以及向他人表达自己意愿的能力较低，在某些环境中可能容易陷入无能为力的状态，从而阻碍了本来具有的潜在能力的发挥。

（二）如何与残疾人进行高效沟通

对待残疾人与对待一般健全人既有相同之处，也有不同之处。相同之处是，要用对待健全人一样的心态和他们平等交流；不同之处是，对他们要更多一些理解、关心和耐心，运用适当的沟通方法和技巧。

1. 与残疾人沟通的前提

人与人之间沟通交流的过程是自我成长和突破的过程。因为残疾人在某些方面比健全人更敏感，并且与残疾人沟通，除了行为、言语交谈外，还要抓住沟通的前提。

（1）自我局限的突破

在对待残疾人的过程中，我们必须问自己：是否要区分自己与他？感觉不一样吗？认为自己作为健康的人，应该同情残疾人而忽视残疾人的能力？

残疾人往往被误认为是不入主流的，所以健全人往往会用异样的眼光看待他们。其实全世界的残疾人人数已经达到5亿多，占8%以上总人口，是主流文化的一部分。与残疾人接触的志愿者，通常第一个想法是"他们很弱"或"他必须得到我的帮助"，这些刻板印象极容易让人们忽视残疾人自身的能力。过度区别隔离，会潜意识地影响和残疾人之间的交流，造成沟通的障碍和局限性。这是一个心理上的限制。因此，与"残疾人"沟通的第一个先决条件是：不要受刻板印象影响，和他们平等地交流。

（2）积极乐观心态的展现

积极乐观的态度是沟通的另一个先决条件。当人们愿意开放自己的心，愿意接受时，人们就会有安全感或喜悦感，这次沟通往往是最有效的。无论您是与健康人还是残疾人沟通，都可以受到感染和引导。在残奥会上，运动员是积极的，他们运用自己的意志品质进行拼搏与奋斗。志愿者是否积极看待残疾人的优点或身体问题？一个人的心意，会直接影响到沟通的质量。当人们开放享受美丽的眼睛时，将看到对方有很多优势，以乐观积极的态度互相帮助，不断自我突破。当人们在快乐和积极的环境中进行沟通时，不仅能够提高解决问题的能力，还能调节团队的氛围，让其他人也感受到愉悦，从而创造最有效的沟通条件解决让人头痛的问题。

2. 与视力残疾人沟通的技巧与注意事项

（1）与视力残疾人相处的几个误区

①视力残疾就是看不见。有些志愿者一听说"视力残疾"马上就联想到"眼前漆黑一片""暗无天日"的景象，而实际情况并非如此。视力残疾包括盲和低视力两种，低视力是有部分视力，真正"全盲"的也只是极少数，大多数"盲人"还有一些剩余视力。

②困惑。由于许多残疾人眼睛残疾造成外观异常，或在公共场合总是戴着一副太阳眼镜，加上自己的不便，他们看不到，有些残疾人坐着，站立姿势带有"盲态"。会让少数志愿者对接近视力残疾心存疑虑。

其实，残疾人不可怕，和健康人一样，相反，他们在视觉社会中作为视障人士生活，到处都感到不方便，他们也对世界感到恐惧，所以双方的交流与了解非常重要。

③过度怜悯。其实，视力残疾人与健全人一样有自尊心，非常要强，并非处处事事依赖他人。对视力残疾人的同情之心是理解、关心、帮助他们的基础，但志愿

者不能出于怜悯，以一种施舍的态度提供帮助，那样将会适得其反。

（2）掌握沟通技巧

①对盲人避讳"瞎说""瞎猜""瞎想""瞎……"等不文明不尊重的词句，免得刺伤他们的隐痛。

②第一次见面可以尽量多地告知对方关于你的信息，让他们有信任和安全感。

③来到他们的身边和离开他们的身边一定要有声音或动作示意。

④对他讲话时先说他的名字，提示正在对他说；并保持正常的语调和语音与他们讲话。

⑤指示方位要清楚准确。如"把水杯放在你自己的前面"，而不是"把水杯放在那儿"；"在你左前方一米左右"，而不是"在这里"。

⑥别因为他们看不见而有时做些"小动作"——其实他们有可能"看到"，有可能听到，有可能猜到。

⑦不断向他们解释你所看到的一切或他们关心的物品。

⑧见到好几个视力残疾人时，宜喊一遍名字都打招呼。

⑨让他们等待的时候一定要让他们有所倚靠，而不是让他们觉得"孤苦伶仃"，产生有无依无靠的"广场恐怖症"。

⑩鼓励使用剩余视力。志愿者要当他的"眼睛"，而不是做他的"手"——需要的是"借"你的眼并通过嘴翻译给他，而不是替他做他能做的事。

3. 与肢体残疾、脑瘫者的沟通技巧和注意事项

（1）目光与神情

志愿者与肢体残疾、脑瘫者相遇时的目光和神情很重要，必须要做到以下：要用正常的目光看待，不能上下仔细打量他们的残疾部位，不要只以同情的眼神看待他们，让他们看到你的怜悯心理。

（2）称呼

在称呼上一定要考虑到服务对象的国籍、民族、宗教等各种社会文化背景，口气、语调要亲切、亲近，做到彬彬有礼。志愿者对外国运动员，要按照国外的习惯在直呼其名时冠之以"先生""女士""太太""小姐"，或者使用本人告知你的昵称。对中国运动员，也要注意本人与运动员之间的年龄差距，按照本国的习惯选择恰当的称谓。即使是相处得非常熟悉的人，关系非常好，也绝对不能拿残疾人的残

疾之处开玩笑，更不能说"跛子""瘸子""瘫子"之类有损人格的词。

（3）对话

和肢体残疾人对话，除了要特别注意回避与其生理缺陷有关的词语和内容，一般也不要涉及"你是怎样残疾的""你家里还有残疾人吗"这类的话题。

还要掌握与语言困难者沟通的特殊技能与方法。例如，对伴有语言沟通困难的脑瘫患者，志愿者可以呈现图文对照的交际板或手册，语言困难者指点图或字或拼出单词以表示自己意思。即使严重脑瘫患者不能用手指点，也可用牙咬住一根小棍指点或用眼睛注视所需之图。或者事先对一系列需求信息进行安排，每次提出一个问题，如"要喝水吗"或"要到外面去吗"，语言困难者用预先商定好的信号作答，如以点头或握拳表示同意，摇头或伸开手掌表示不同意。对方听不懂问话时，可以用卡片提问。利用简单明了的手势动作符号进行沟通，如用手做拿杯子喝水的动作，擦汗的动作，语言困难者也能懂得。

4."我"信息的运用

人们在沟通时，尤其是情绪发泄（抱怨、愤怒等）状态下，都会表达出指责与不满。当用"你"作为开头时，会把说话者心中的指责意味表露无余，促使对方急于为自己辩护，自己把沟通的大门关闭，从而引发争执。

提到自己感受的时候，如果将"你"调整为"我"作为主语，将会带来不同的结果。这样会准确地表达出自己的感受，引起正向注意，让对方不会有被审判的感觉，促使双方开始沟通。

"你"信息：

（1）指责的意味。

（2）使对方急于为自己辩护。

（3）沟通的大门关起。

（4）争执。

"我"信息：

（1）表达感受、引起正向注意。

（2）不会有被审判的感觉。

（3）开始沟通。

在这个基础上可以融入表达的技巧：

（1）描述对方的行为。

（2）你对他行为的想法。

（3）你的感觉。

（4）对方的行为对你们造成的影响。

经过这样的处理，可以把激烈的话语转为温和的语言。"我"信息在实际生活中很实用，可以降低攻击性，打开沟通之门。志愿者也可以更好地理解与帮助他们，他们诚恳的态度也容易获得被服务对象的认可。

（三）肢体残疾者如何做好自我心理调整

身体残疾可以分为先天性的和后天性。先天性残疾人经过了心理上的适应过程，情绪起伏比较小；后天性残疾人没有思想准备，情绪起伏大，也非常容易产生负面情绪和心理问题。急性意外事故所造成的残疾，其心理过程往往以有下几个阶段。

1. 否认阶段

否认自己会变成残疾，是一种恐惧残疾心理的反映。尤其是刚失去肢体的残疾者。

2. 怨责阶段

否认阶段历时不长便会发现残疾是事实，此时患者便开始责怪，怪司机车速太快，怪工厂设备陈旧。

3. 后悔阶段

这一阶段，是及时正确地疏导残疾者的关键时期，引导得好，患者就能面对现实，振作起精神，重新制订人生的奋斗目标；引导得不成功，患者就会整日处于抑郁寡欢、沉默寡言、焦虑不安、悲观失望等负性情绪之中，就会从此一蹶不振，甚至走上消极厌世之路。

那么，当处于身体残疾的逆境时，应该怎样调整自己的心理，使失去平衡的心理尽快恢复平衡呢？

第一，要正视现实。车尔尼雪夫斯基说过，人生道路"不是大街上的人行道，它完全是在田野中前进的。有时穿过尘埃，有时穿过泥泞，有时横渡沼泽，有时行经丛林"。只要正确对待不如意的事情，正视现实，就可以平衡心态。

第二，要有奋斗目标。奋斗目标是一个人的精神寄托，要结合自己的实际树立人生目标，没有生活目标的人在老了之后就会因虚度年华而悔恨。

第三，要充实生活。人除了工作、学习以外，还得生活。要根据自己的兴趣爱好，在业余生活时做自己喜欢的事，充实自己的精神生活。

第四，学会自慰法。身残志不残，残疾人同样可以为社会、为人类做出贡献。

残疾人也可以做生活的强者。古今中外，留芳百世、造福于人类的残疾人并不少。曾担任过美国总统的罗斯福，是位小儿麻痹症患者。当他任第二届总统时，坐在轮椅上办公，被人们尊称为"轮椅上的总统"。担任过日本首相的田中角荣在求学期间患有口吃，后来他经过艰苦努力，纠正了口吃，当上了首相。

著名的音乐家贝多芬，又胖又矮又秃头，其貌不扬，晚年失聪，但他的音乐作品却流芳百世，代代传颂。苏联的奥斯特洛夫斯基双目失明，日常生活需人照料。可是，他却写下了不朽的著作《钢铁是怎样炼成的》。逆境不是绝境，用不着垂头丧气，从心理上坚强起来，就会做到像贝多芬所说的"通过苦难，走向欢乐"。只要有坚强的意志和百倍的信心，残疾人同样可在人生道路上迈开步伐，大步向前！

第五章

从大学生的奥运态度看体育教育教学

一、奥运会社会态度测量方法

（一）社会态度

主体对外界事物一贯的、稳定的心理准备状态或一定的行为倾向。1862年，美国心理学家K.W.斯彭斯最早注意到态度现象，认为是一种先有之见；1885年，丹麦社会心理学家C.G.朗格在关于情绪的实验中发现，被试者有思想准备和无思想准备，对刺激物的反应不一样。美国社会学家W.I.托马斯与F.W.兹纳尼茨基在《波兰农民在欧洲和美国》（1909）一书中首次使用态度概念。

在社会心理学中对社会态度有不同的理解，美国社会心理学家L.L.瑟斯顿和C.E.奥斯古德将态度视为评价或情感性反应；F.奥尔波特把态度看作心理的神经的准备状态；认知论者将态度看作是由认知的、情感的、行为的三种成分构成的一个整体，是对态度对象的理解、情感和行为的相互关联的比较持续的、某一个人内部的系统。认知部分是理解和评价对象态度的主体，是思想、信念和知识的综合。情感因素是主体的主观态度或情感体验。行为取向部分是准备状态和持续状态。这三个组成部分有自己的特点，认知部分是态度的基础，其他两个组成部分是基于对对象的理解、判断的发展；情感组成的态度在调节和支持中起着重要作用；行为倾向组合限制行为方向。

（二）特点

社会态度有以下特点：①内隐性。测定态度需要中间变量，不能直接测定。②方向性。态度是有赞成态度和反对态度两个极端，也有中性态度。③态度的统一性。态度的构成成分是一个整体。④态度的复杂性。个体的态度和行为并不是一直具有一致性。⑤稳定性。在一定时期内态度保持着相对稳定的倾向。[①]

（三）功能

德国心理学家 D.卡茨从需要满足的角度，认为态度具有以下 4 种功能：①适应功能。态度使人具有满足惩罚或奖励的功能。②价值表现功能。态度具有积极的表现自我的功能。③自我防御功能。态度既可以拒绝引起焦虑的外部事件，又可调节内部冲动。④知识功能。态度可以作为判断环境的标准或参照物。

（四）社会态度与行为

在正常情况下，态度决定行为，行为是外部表现的态度。然而，经常发现，态度和行为并不完全在相关程度之间，相应关系并不高。除了能够归结于态度测量和调查问题之外，还有各种调解因素，从态度到具体行为。主要包括：①个体心理、人格因素；②社会的环境因素。这两类因素往往共同起作用。

态度与行为的相关性大体表现为以下几种情形。

（1）强烈明确的态度和行为一致性高。

（2）没有矛盾具体的态度和行为一致性高。

（3）没有冲突的强烈优势动机和行为一致性高；个体能力越强，自我实现抱负越高，行为与态度的一致性就越高。

（4）强有力的群体舆论压力与个体已有的态度不一致时，将会较大程度地破坏态度和行为之间的一致性。

（5）如果个体为表现某种态度所付出的代价高于行为目标的价值，那么态度和

---

① 社会态度的概念与理论. 2006 年 3 月 10 日. http://news.51labour.com/show/57927.html.

行为的一致性就比较低。

（6）几种态度与一种特定的行为相联系，或者几种行为与一种特定的态度相联系，而在若干种态度之间或行为之间又有冲突的情况下，往往会发生态度与行为之间的不一致。

（五）中性态度

中性态度就是既不反对也不赞成的态度。中性态度有以下特点：①较强的内隐性。即往往以中性态度掩盖赞同或反对的真实态度。②现实的回避性。即采用"不表态"或"中立"来回避现实中存在的矛盾。③稳妥性。由于对态度对象认识不清楚而以中性态度表现出来，待认识清楚之后，再表示明确态度。④可变性。中性态度总会演变成明确的反对或赞成，这只是向两级转化的过渡。

（六）态度的量表

大致可分为单维度量表和多维度量表两类。前者有瑟斯顿的等距测量法，美国社会心理学家R.利克特的累加评定法，美国社会心理学家L.格特曼的量表解析法等。在多维度量表中有SD法，即语义分化法、多维度量表法、E.S.博加达斯的社会距离量表等。在制订态度量表前，首先须确定自变量、因变量，以控制和排除无关变量；其次应注意测量指标，使之能测出态度倾向的程度，即对态度作定量分析。使用量表测量态度应及时，若有可能，应采取追踪测量，以获得态度变化的资料。

（七）态度的形成

态度的形成是个体获得社会态度的过程。

美国社会心理学家G.W.奥尔波特认为态度形成有4个条件：①经验的积累和整合。从各个零散的经验中形成相同类型的特殊反应的整合。②经验的分化。开始是笼统的、缺乏特殊的，以后逐渐分化和个别化。③剧烈的、外伤性经验，甚至是仅仅一次的经验，就可以形成永久性的态度。④对社会已有态度的模仿及语言的学习。

从发展的角度看，D.克雷奇认为影响态度形成有以下因素：①个人的需要是否得到满足；②对某一对象的信息获得的质量以及信息源的性质；③所属群体或参照群体对个体的影响；④个体的人格特点。

凯尔曼于1958年提出态度形成的三阶段说。①服从。或是出于主体的意愿，不知不觉地模仿；或是受到群体规范的压力，从而产生的服从行为。②同化。态度不再是表面的改变，也不是被迫，而是自愿地接受他人的观点、信念、行为或新的信息，这一阶段已经与所要形成的态度相接近，但没有同自己全部态度体系相融合。③内化。内心发生了质的变化，新的观点、新的情感和新的意愿已经纳入自己的价值体系之内，成为自己态度体系中的一部分，比较稳固，也不太容易改变。到了这一阶段，态度才真正地形成。后来，此假说被认为是无法得到证实的，凯尔曼也对此做过补充。

（八）态度的变化

广义指受内部或外部因素影响，持续的、稳定的态度发生变化；狭义指的是受社会的影响，特别是由于说服性沟通使使态度向相反的方向发生变化。态度变化的方向按照施加影响的社会或他人所期待的方向发生变化的，称肯定性态度变化；按所作用的他人的期待及想法作相反方向变化的，称否定性态度变化。

社会心理学对社会态度形成和变化的研究有以下几种主要理论。

（1）认知均衡理论。起点是人们需要保持平衡心态。当人们的态度失衡时，总是有一种从不平衡转向平衡的倾向。态度体系构成的不一致之处是导致态度转变的主要因素。按对一致性理解的不同，可分为几种解释态度改变的理论模式：F.海德的P-O-X模型，T.M.纽科姆的A-B-X模型，奥斯古德与P.H.坦南鲍姆的和谐理论，L.费斯廷格的认知不协调理论等。

（2）信息传播理论。美国社会心理学家C.霍夫兰德等人认为，态度是后天习得的产物，是由学习而来的反应。加强、模仿是态度形成的机制。接受肯定态度的接受，放弃消极的强化态度。态度变化应着重研究个人信息在信息化过程中的关注、理解和接受等因素。

（3）20世纪60年代末出现心理抗拒理论，把心理抗拒现象及其抗拒效果作为一种态度进行研究。在现在的心理抵制的情况下，以前的说服教育不但不利于工作的态度，而且会出现否定性态度。后来在心理抵抗理论的基础上，发展出心理免疫理论，为了提升态度，向好的方向转变，提前参加有关活动是必要的，主体积极参加

由实验者进行的一系列活动，有助于被试者的态度转变。

二、残疾大学生奥运态度研究

使用自编的《北京奥运会社会态度问卷》。《北京残奥会社会态度问卷》对来自北京、西安4所大学的1009名大学生进行了测试，结果显示，两地大学生对奥运会和残奥会认知水平不同，态度也不同。西安地区比北京地区的学生对残奥会的认知更全面。

研究者认为，对北京奥运会的社会期望可引发政治、经济和文化等多方面的行为效应。北京获得奥运会的主办权和筹备过程中的各项活动都极大地提升了国民的凝聚力和自豪感，公众对北京奥运会有较高的期待，如有研究者对奥运会举办城市之一的沈阳市民进行的调查结果表明，沈阳市民对第29届奥运会中国取得成绩的期望值较高，并能从对社会整体效应角度认识到，中国举办奥运会对国家有非常强的综合效益。[①]

1. 研究工具

（1）北京奥运会和残奥会知识问卷

问卷共20题，有关北京奥运会和残奥会的基本知识各10道题目。题目来源于北京奥运会组委会网站的新闻和项目介绍等。以选择题形式出现，答对记1分，答错或未答均记0分。将各题目得分相加，分别得到对北京奥运会知识和残奥会知识的得分。

（2）北京奥运会社会态度问卷

北京奥运会社会态度问卷由奥运态度、危机意识、关注动机3个分问卷组成。

28个条目构成奥运态度，分为奥运期望、参与态度、消极态度3个维度。3个维度的各项目因素负荷分别在0.511~0.683、0.485~0.744、0.690~0.813，问卷的结构效度比较理想。该问卷各维度的重测信度范围在0.798~0.844，重测信度在可接受范围。各维度内部一致性信度在0.694~0.917，内部一致性信度在可接受范围。

---

① 北京、西安大学生对奥运会和残奥会社会态度的比较. 体育学刊，2009年第10期.

危机意识分问卷由11个条目构成，分为民族素质危机感、体育价值危机感两个维度，两个维度的各项目因素负荷分别在0.604~0.767、0.470~0.681，表明该问卷的结构效度比较理想。该问卷各维度的重测信度范围在0.804~0.849，表明该问卷各维度的重测信度在可接受范围。各维度内部一致性信度在0.565~0.761，表明该问卷各分量表的内部一致性信度在可接受范围。

关注动机分问卷由11个条目构成，分为价值认同与自身感受两个维度。两个维度的各项目因素负荷分别在0.672~0.821、0.690~0.813，表明该问卷的结构效度比较理想。该问卷各维度的重测信度范围在0.801~0.821，表明该问卷各维度的重测信度在可接受范围。各维度内部一致性信度在0.766~0.890，表明该问卷各分量表的内部一致性信度在可接受范围。

（3）北京残奥会社会态度问卷

北京残奥会社会态度问卷。所有问题均以李克特五级记分方式，由被试者根据题目内容自评。经预测试，对问卷的信度、效度指标进行分析。

北京残奥会社会态度问卷由26个条目构成，分为残奥社会价值、残奥体育价值、人文精神、接纳态度、残奥同一性等5个维度。5个维度的各项目因素负荷分别在0.538~0.832、0.596~0.862、0.451~0.696、0.496~0.710、0.478~0.735，表明该问卷的结构效度比较理想。该问卷各维度的重测信度范围在0.680~0.824，表明该问卷各维度的重测信度在可接受范围。各维度内部一致性信度在0.602~0.848，表明该问卷各分量表的内部一致性信度在可接受范围。

（4）问卷调查

在西安选取陕西师范大学的580名学生，发放问卷580份，回收有效问卷526份。在北京选取北京航空航天大学、中国音乐学院、中国农业大学共520名大学生，发放问卷520份，回收有效问卷483份。问卷的预测试修订后重测是在2008年5—7月进行。正式的测试是在2008年8月奥运会后进行。问卷收回后统一录入计算机，采用SPSS13.0进行统计分析，统计方法有t检验、方差分析、相关分析、回归分析等。

2. 结果与分析

（1）两地大学生的奥运知识水平

测试结果发现，北京大学生对北京奥运会的兴趣高过西安的大学生。调查显

示，在满分为10分的测试题中，北京大学生对北京奥运会的知识得分〔（6.845±1.993）分〕低于西安大学生〔（7.167±1.550）分〕，而在残奥会知识上高于西安大学生，分别为（3.292±1.784）、（2.722±1.281）分。两地大学生对北京奥运会知识的了解程度都远远高于对残奥会知识的了解。经调查，两地的大学生对北京奥运会与残奥会的认知存在显著差异。

在北京奥运会、残奥会的顺利举行背景下，绝大多数大学生对北京奥运会有着较高的关注，但对同样在北京举办的残疾人奥运会了解却不全面，这说明残奥会的宣传力度和范围不够，要进一步加强宣传，在大学生群体中普及残奥知识。

（2）两地大学生对北京奥运会的态度

在体育价值危机感、自身感受等维度上，北京大学生要明显高于西安大学生的得分，而在奥运期望、参与态度、民族素质危机感、消极态度等方面则显著低于西安大学生。在价值认同上，两地大学生的得分差异没有显著性。

在对北京奥运会的期望和参与态度上，西安大学生的得分高于北京大学生，说明西安大学生比北京大学生对北京奥运会的成功举办期望更热切，参与其中的积极性更高。这在一定程度上说明虽然不是生活在奥运会的主办城市，但同样关注北京奥运会，并且有着强烈的参与愿望。北京大学生可能因为身处主办城市，已经接受了很多相关信息并参与了相关活动，态度上更为稳定和理性。

在对待北京奥运会的消极态度方面，西安大学生的得分高于北京大学生，也就是说西安大学生比北京大学生对北京奥运会有更多的担忧。

在对北京奥运会的危机意识方面，北京大学生的体育价值危机感高于西安大学生，对体育竞赛中的公平竞争理念比较关注，而西安大学生更关注民族素质方面的问题。

在关注奥运会的动机方面，北京大学生主要是从自身的感受动机出发，而西安大学生更从中国在政治、经济、社会、文化等方面的积极效应方面进行关注和认同，认为奥运会中国的经济、政治文化的发展带来宏观影响。

（3）两地大学生对残疾人奥运会的态度

在残奥社会价值、残奥体育价值、接纳态度、人文精神、残奥同一性等维度上，西安大学生的得分显著高于北京大学生。说明西安大学生比北京大学生更积极地对待残疾人奥运会，认识到残疾人奥运会对残疾人和社会发展的价值，对待残疾人的态度更积极，更有人文精神。

（4）大学生对北京奥运会与残奥会态度的相关分析

将大学生对北京奥运会和残奥会的态度进行相关分析，结果发现，北京大学生的残奥社会价值、残奥体育价值、接纳难态度、人文精神、残奥同一性与奥运期望、参与态度、价值认同、民族素质危机感等因素有显著的正相关，而与体育价值危机感有显著的负相关。西安大学生的残奥社会价值、残奥体育价值、接纳难态度、人文精神、残奥同一性与奥运期望、参与态度、价值认同、民族素质危机感等因素有显著的正相关。

北京大学生的体育价值危机感只与残奥的同一性呈负相关，即体育价值危机感越高，对奥运会、残奥会同样重要的认识水平越低，说明部分学生并不看重残奥会的竞技性。

而西安大学生与体育价值危机感、消极态度和自身感受的关系都不密切。这可能从一个侧面反映了西安大学生远离奥运会主办城市，对残奥会的态度主要是受其对北京奥运会的积极态度影响，而较少受消极态度或自身感受的影响。

（5）两地大学生对北京奥运会、残奥会态度的回归分析

通过回归分析，发现北京大学生对奥运会的参与态度主要受奥运期望、价值认同、消极态度、接纳态度等因素影响。西安大学生主要受奥运期望、价值认同、人文精神、体育价危机感、民族素质危机感等，体育价值危机感起负向作用。两地大学生的奥运期望、价值认同都影响着自身对奥运会活动的参与态度，北京大学生对待残奥会的接纳态度和西安大学生对残奥会的人文精神的理解是残奥会态度中影响各自社会态度的重要因素。

残奥同一性是指个体对北京夏季奥运会和北京残疾人奥运会能否持"两个奥运，同样精彩"的观点，对残奥会给予同等的重视。有6个因素影响北京大学生残奥同一性态度，其中体育价值危机感对残奥同一性起着负向的作用。有4个因素影响西安大学生残奥同一性态度。这说明影响北京大学生残奥同一性态度是残奥会价值和残奥会知识的了解程度，而影响西安大学生的是残奥会的体育价值和民族素质危机感。

3. 结论

（1）北京、西安大学生对北京奥运会总体上是有积极态度的，但仍存在问题。

多数的北京、西安大学生对北京奥运会有着积极的关注和期望，并且愿意通过文化活动、志愿者服务等有所参与，认为奥运会会给中国社会、经济、文化等方面具有积极意义。另一方面，大学生也看到北京奥运会举办过程中可能存在的风险和问题，主要反映在对比赛的安全防范、金牌数量、公平竞争、中国优势项目的不均衡等问题上，而西安大学生更关注民族素质危机感，诸如国人文明素质、观众礼仪、奥运会的竞争目标、公平与热情地对待各国选手等方面的问题。

（2）对北京夏季奥运会的关注，两地大学生都高于对残奥会的关注，但在对残奥会的态度上，西安大学生的态度更积极。这说明北京奥运会组委会提出的"两个奥运，同样精彩"并没有做到宣传普及。应进一步加强残奥会的宣传，树立残疾人运动员的正面形象，提升大学生对残奥会的态度。

三、北京奥运会对大学生体育态度的影响

（一）浅析2008年北京奥运会对大学生的社会影响

本课题主要是以广东省华南师范大学大学城校区全日制本科生为调查研究对象，通过采用问卷调查法、文献资料法和数理统计法研究了2008年北京奥运会对大学生体育行为的影响。结果表明，2008年北京奥运会对大学生体育行为有较大的社会影响。笔者就北京奥运会对大学生参与公共事业、关键体育信息、参与体育活动等方面的影响进行探讨。

1. 北京奥运会对大学生参与公共事业的影响

中国政府和中国人民以"绿色奥运、科技奥运、人文奥运"理念和创新举办北京奥运会，向世界人民和奥林匹克运动交了一份满意的答卷，谁都不能否认它是一届成功的奥运会。尤其在加深体育人文知识、环保意识等方面具有深远影响。调查结果显示，2008北京奥运会对大学生产生深刻影响，提高了大学生对公共事业的关注和参与度。

2. 北京奥运会对大学生关注体育信息的影响

（1）北京奥运会促进大学生对体育媒介的关注

大学生学习压力逐渐增大，闲暇时间少，很少能接触到各种媒介，所以通常对各种媒体的关注度不高，尤其是体育媒体。体育媒体，是传播体育精神和体育文化的媒介，在北京奥运期间，体育媒体传媒报道了奥运相关信息，大大提高了人们对体育媒体的关注。通过媒体了解奥运会的相关信息，大学生是高素质的文化群体，也是大力支持奥运活动的群体。所以奥运开展，可以让学生更加重视体育媒体。

（2）北京奥运会促进大学生对体育知识的学习

奥林不仅限于体育比赛，更是一种学习活动和精神享受、是一场视觉盛宴。2008北京奥运会的口号是"文明、和谐、进步、更高、更快、更强"，它号召青年大学生奋力向上，不断求知。奥运前后，大学生社区积极依托学校的实际情况，组织校园体育活动系统。在这种气氛中，大学生可以增强体育知识的认识，学习体育比赛的相关规则。

（3）北京奥运会对大学生参与体育活动的影响

①大学生参与体育的强度提高、项目增多、时间延长、科学性提高

大学生拥有深厚的文化底蕴，可以对体育有了更深层次的认识，并积极参与其中。如体育活动是高校校园文化活动中出现频率最高、参与人数最多、活动时间最持久的一项内容。北京奥运会申办成功后，高校校园文化活动多以奥运会为主题，组织众多体育活动，以"庆奥运会，迎奥运，宣传奥运文化"。这些活动不仅可以提高学生参与体育活动的兴趣，也可以更加深入地学习体育文化，促进大学生的身心健康发展。2008年北京奥运会提倡"人文奥运、绿色奥运、科技奥运"三大理念，对大学生产生深远的影响。"绿色奥运"的理念，为大学生健身活动提供良好环境；"人文奥运"理念，提高大学生加深对体育文化的认识；"科技奥运"的理念，为大学生树立了科学健身的思想。

②促进大学生体育消费

21世纪，大学生是体育消费者之一，他们通过参加体育锻炼追求健康观念，改善生活质量。

3. 结语

北京奥运对我国大学生体育行为也有很大的影响，同时加速了东西方文化的融合。大学生是学校传播奥运概念、普及奥林匹克教育的继承人，对大学生水平的全面了解，体育在社区影响力方面的作用更大，全国体育健身活动起着催化作用。所以我们要用北京成功举办奥运的机会，进一步提高学生的体育文化意识，增加体育人文精神的内容。2008年北京奥运对大学生体育思想的影响是积极有益的。通过本次研究，我们可以看到，华南师范大学学生参与公共事业，收集体育信息，参加体育活动，与北京奥运比赛前比较积极，更全面，更深入。所以我们应该开始普及奥运教育，推动奥林匹克精神文化，开展奥运活动，推动和影响大学生师生，促进全民健身活动深入。

（二）北京奥运会对大中小学生体育观念和行为的影响研究

2008年北京奥运会，对中国的政治形象、经济效益、文化教育发展和科技进步都具有非凡意义，必将促进中国传统体育文化和奥运文化的交流与融合。因此，在现代教育和奥林匹克运动全球化的社会背景下，奥林匹克文化的传播和中国传统体育文化的发展逐渐呈现出互动和融合的趋势。本文通过文献、专家访谈、问卷调查和数学统计等方式，深入调查了奥运前后中国学生体育运动态度、兴趣、动机、体育思想和运动行为的变化，并提出相应的奥林匹克教育对策，为我国学校体育教育改革提供参考。

一方面，学校体育作为学校教育的重要组成部分，肩负着继承和传播人类优秀体育文化的任务，学校体育将有力推动奥林匹克文化的普及和多元化发展。奥林匹克文化有其自身的内涵、方法和手段，其理论，即奥林匹克主义，奥林匹克理想，奥林匹克精神作为教育内容的核心，奥林匹克文化的广泛传播，将提供更加丰富的学校体育教育内容和方式。

奥林匹克的教育本质、文化内涵和运动形式，加之青少年的身心发展特点，决定了青少年对奥林匹克运动的追随。从青少年向成人的过渡，通过体育教育的参与，有利于他们的社会化成长。不仅是奥运实现教育的目的，而且也是学校运动的重要教育责任。本文旨在探讨2008年北京奥运会对我国大、中、小学生体育观念和体育行为的影响效果，为学校体育改革提供参考。

1. 研究对象与方法

（1）研究对象：北京、辽宁、广东、陕西、吉林五个省市的 大、中、小学生共1000名。

（2）研究方法：本文采用文献资料法、访谈法、问卷调查法、数理统计法、逻辑分析法。根据论文的构思和研究目的以及大、中、小学生的特点，遵循社会学和有关问卷设计的基本要求，设计了40个题目，其内容为：①大、中、小学生的基本情况；②大、中、小学生的体育观念与行为；③大、中、小学生体育行为的时间、空间和项目特征；④奥林匹克有关知识；⑤对北京奥运会的了解和态度。共发放问卷1000份，回收965份，占96.5%，其中有效问卷919份，占91.9%。

2. 结果与分析

（1）当前，我国大、中、小学生体育观念与行为特征的现状。体育观念是人们对体育的看法和态度；体育行为，是人们为满足某种体育需要而进行的活动。凡是与体育有关的行为活动，都可泛称为体育行为。体育观念和体育行为之间必然有联系，体育观念是体育行为的内在表现，体育行为是体育观念的外在表现。行为随着观念的转变发生相应的改变。奥运会的成功申办，百年期盼，百年梦圆，振奋了13亿中国人的人心，当然能对我国大、中、小学生体育观念与行为产生积极的影响。

①大、中、小学生的体育兴趣和体育态度

从心理和体育的本质特征来看，体育兴趣是指一个人力求认识、探索"身体活动领域的人类活动形式"的心理倾向；体育态度是指个体对体育活动所持有的评价、体验和行为倾向的综合表现。因此，体育兴趣和态度是体育观念和行为的最直接体现。

申奥成功以来，68.5%的学生表示对体育感兴趣，28.2%的学生兴趣一般，也有3.3%的学生表示对体育不感兴趣。这说明绝大多数学生是喜欢体育运动的。通过对感兴趣的人群调查表明，97.9%的同学能够关注体育的信息，95.7%的同学每周都会进行体育活动。

②大、中、小学生的体育动机是"推动体育行为主体的人们从事体育活动并维持这些活动的主观原因和心理状态，它是人们对客观体育需要的主观反映"。良好的动机是参加体育锻炼的先决条件。申奥成功，能够让奥运精神成为时尚，同时使

人们感受到运动的快乐。

为调查学生的体育动机，设计了16个指标，运用社会学中"平均选择系数"方法进行研究。结果表明，我国大、中、小学生参加体育锻炼的动机主要是：a. 增强体质，增进健康；b. 调节生活，产生快乐；c. 磨炼意志，培养吃苦拼搏的精神；d. 健美形体；e. 丰富业余文化生活。调查结果显示，学生越了解奥运知识，越具有积极的体育动机，并可以落实为体育行为，进而实现体育的基本功能。

申奥成功以来，每次参加体育活动的时间能达到一小时的学生占据76.4%，符合2003年新课改学生每天活动一小时的要求。

奥运会五环是团结的象征，也是全世界运动员以公正坦率的比赛、友好的精神在奥运会上相会。因此，团结、和谐、向上的观念成为我国宣传奥运的主题之一。从问题可以看出，78.04%的学生能可以在集体体育运动项目中感受到快乐。

为比较学生选择某项活动的经常性，引入社会学中常用的一个评价指标——"平均选择系数"，按照其要求，平均选择系数大于1即为经常从事的活动。平均选择系数大于1的有6项：篮球、羽毛球、游泳、乒乓球、足球、长跑。分析认为，在申奥成功后，出现这种结果与青少年的身心特点和我国运动项目的发展水平以及普及程度有一定的关系。

（2）调查结果显示，成功举办奥运会对我国大、中、小学生的体育观念、体育态度和体育行为等产生了较积极的影响。

调查显示，我国学生在北京申奥成功后，对体育的认识有重大改变，比如在问及"对体育价值观念的认识与是否与申奥成功有关"等问题时，大多数人认为是有关的。

整体上，北京的学生要比外校的学生在体育认识上变化较大。这可能因为北京地区的学生身在奥运举办城市，受到活动宣传的影响较大，对体育有更直接的认知。而举办城市以外的学生的体育认知和举办地学生有差异。

调查结果显示，北京奥运会对我国学生的体育态度和行为产生的影响较大。如70.3%的学生认为北京奥运会丰富了获得体育知识的渠道，74.2%的学生认为对体育的兴趣更加浓厚了，70.8%的学生越来越喜欢观看体育节目了，53.0%的学生从不喜欢体育运动到开始喜欢，64.7%的学生明显增加了参加体育运动的次数。

由此可见，奥运会期间，学校以外的种种渠道渗透到学校体育教育中，使得奥运影响敏感性比之前增加。因此，学校应借助奥运会的举办，充分利用各种教育渠道，有意识、有目的地引导学生的体育观念和体育行为，尽可能有效地发挥北京奥运会所具有的教育价值，转变学生的体育观念，进行可持续教育。

3. 结论与建议

（1）结论

①奥林匹克运动的教育作用不仅仅局限在奥林匹克精神上，在增强体质、促进健康、传授技能方面也具有重要作用。

②绝大多数的大、中、小学生的体育态度是积极的，为我们宣传奥林匹克知识和精神提供了可能性。

③在北京成功申奥后，大学生和中小学生对体育活动的态度、体育价值观念的认识、体育兴趣和对体育道德重要性的认识均有所改变，其中对体育道德和体育价值观念的改变较大，学生参加体育运动的次数比以前明显增多。

④浓厚的奥运氛围，能加深学生对奥林匹克运动的认识和理解，并能积极支持奥运和参与体育运动。

（2）建议

①抓住北京奥运会的机遇，转变教学观念，深化学校体育改革。

②组织青少年学生参加各级各类奥林匹克交流活动，参与奥林匹克运动，学习奥林匹克精神，培养学生自主运动的习惯。

③做好师资队伍建设工作，提高体育教师的专业素养，使之真正成为学生掌握奥林匹克文化的引导者。

四、残疾大学生对残奥会社会态度的比较研究

（一）残疾人体育

残疾人体育又称特殊体育、伤残人体育、残障人体育，是指以在听力、视力、语言、智力、肢体等方面有缺损者为参与主体的体育活动，以强身健体、身体康

复、恢复机能、培养意志品质和生活自理能力等为目的。[①]

中国古代名医运用吐纳、五禽戏、八段锦、各种娱乐活动治疗瘫痪、肢残带来的肌肉萎缩等疾病，都有恢复患者身心功能的事例，是残疾人体育活动的发源地。

清末民国时期，残疾人体育与教育有了一些小规模的发展。1874年，北京成立了中国第一所特殊教育学校，该校全名为"启瞽明目书院"；1887年，在山东蓬莱县建立了"启学校"，是中国第一所聋哑学校。这些为数不多的聋哑盲人学校的儿童也开展一些踢毽、打拳等体育娱乐活动，但仍属于残疾人体育活动的萌芽时期。而真正形成残疾人体育运动，并进一步扩大开展起来，是在1949年新中国成立之后。

国际残疾人体育运动是从第二次世界大战开始，因为因战争而致残的人们，可以通过适当的体育活动，重新参与社会生活。因此，残疾人体育在世界范围内越来越受到关注。

残疾人运动员的比赛项目比健全人要多很多。比如田径项目男子100米，健全人比赛只有一名冠军，但残疾人可以有多名冠军。乒乓球比赛中，健全人只能用站姿，但残疾人运动员可以坐在轮椅上比赛。单是坐姿比赛就要分成5个级别，然后分别再进行男女单打、双打、团体等项目的比赛。2004年雅典奥运会，设了28个大项，有301个小项，而同年残奥会大项虽然只有19个，小项却多达526个。

在规则上，对残疾人比赛也有特殊规定。目前，中国残疾人体育协会参照健全人各项目的比赛规则，按照国际残疾人体育规则审定了14个项目（田径、游泳、举重、乒乓球、坐式排球、轮椅篮球、盲人柔道、射击、射箭、轮椅网球、轮椅击剑、自行车、羽毛球、盲人门球）的竞赛规则。

这些项目需借助器材与辅助人员来完成比赛。下肢残疾的运动员比赛时，需用辅助器械轮椅，B1、B2级盲人运动员参加田径比赛项目时，需要领跑员等，这些方面都不同于健全人比赛。

如有的运动场地要有无障碍设施；射击、射箭运动员需占用两个靶位；盲人门球运动员由于要靠声音辨别球的位置，要求场地隔音设备效果好，使用的球和球门

---

① 吉朝霞. 对我国残疾人排球运动的现状及其发展对策的研究. 扬州大学，2007年硕士毕业论文.

都很特殊。其他方面如颁奖、休息、着装、使用的卫生间等都有一些特殊要求。

中国残联主席、"联合国人权奖"获得者邓朴方说："残疾人体育运动从一开始，就具有特殊意义。它超越缺陷，通过意志、技能、体能的较量，向生命的潜能挑战，展示人的创造力和价值。同时促进康复，陶冶情操，增强生活信心和勇气，推动平等参与。"邓朴方的这段讲话是对残疾人体育的重要意义所作的深入浅出的精辟论述。

康复健身是残疾人运动的最初目的。在第一次世界大战期间，欧洲有一残疾士兵康复中心，残疾人士通过适当的体育活动康复和重新融入社会生活。因此，越来越多的人开始关注残疾人的身体活动。实践证明，体育在残疾人康复方面发挥积极作用，可以有效改善残疾人的身体机能，补偿他们的生理不便，使其能够融入社会，增强信心和勇气，逐步走上健康发展的身心健康之路。

与残疾人体育相比，在某种意义上说，残疾人体育的社会教育更加深刻，更加感人，更令人震惊。残疾人由于身体、精神或智力上的残疾，与健康人相比处于不利地位，他们在每一个体育活动中都做付出了比常人更多的代价。残疾人参加体育比赛，不仅是运动技能和战术的比赛，更重要的是意志力的较量。残疾运动员取得成绩，是汗水、血液和生命的胜利歌曲，震撼我们心灵的内核。

残疾人的意识是反映人类文明程度的镜像。旧社会，由于封建迷信在"报复""转世"毒素中，普遍存在对残疾人的歧视和嘲笑态度，不鼓励和支持残疾人开展体育活动。新中国成立后，残疾人体育随着残疾人发展事业的发展取得了显著成绩。可以说，残疾人运动的历史与世俗斗争，在社会教育史上取得了辉煌的成就。残疾人运动的发展，既是社会文明的产物，也大大促进了社会文明的发展。中国从1984年至2004年参加了六届国际残奥会，从参赛人数和成绩上看，比起参赛人数多一个，比国际赞助成绩多一场。从这一方面反映了中国经济的发展、人权保护的进展和文明的改善。

残疾人运动和健康人的运动，影响已经远远超出运动本身的范围，在国家的辉煌中，发挥了重要作用。残疾运动员以强烈的爱国精神、自我完善和无私奉献的精神，在国际舞台上奋斗，中国6000万残疾人创造了具有坚强毅力、超越自我的形象。正如在第九届国际残奥会上荣获金牌的残疾人运动员孙长亭所说，健全人为祖国夺金牌、升国旗、奏国歌，代表中国；我们残疾人和健全人一样，夺得金牌之

后，照样升国旗、奏国歌，我们残疾人也代表中国。

新中国成立以来，中国政府高度重视残疾人运动事业。为了使残疾人体育事业逐渐走向正规化、制度化和合法化，国家有关部门制定和颁布了一系列符合中国体育事业发展规律的法规，有力保障中国体育事业的发展。

《中华人民共和国残疾人保障法》（1990）

第三十六条　国家和社会鼓励、帮助残疾人参加各种文化、体育、娱乐活动，努力满足残疾人精神文化生活的需要。

第三十七条　残疾人文化、体育、娱乐活动应当面向基层，融入社会公共文化生活，适应各类残疾人的不同特点和需要，使残疾人广泛参加。

《中华人民共和国体育法》（1995）

第十六条规定："全社会应当关心、支持老年人、残疾人参加体育活动。各级人民政府应当采取措施，为老年人、残疾人参加体育活动提供方便。""学校应当创造条件，为病残学生组织适合其特点的体育活动。"

第四十六条规定："公共体育设施应当向社会开放，方便群众开展体育活动，对学生、老年人、残疾人实行优惠办法，提高体育设施的利用率。"

《全民健身计划纲要》（1995）

1995年，国务院颁布了《全民健身计划纲要》，其中第十五条规定："广泛开展残疾人体育健身活动，提高残疾人的身体素质和平等参与社会活动的能力。丰富残疾人体育健身方法，培养体育骨干，提高残疾人体育运动水平。"

《2001—2010年体育改革与发展纲要》（2000）

《2001—2010年体育改革与发展纲要》（2000）对今后十年体育运动的发展进行了详尽的阐述和规定。其中第十一条规定："关注老年人、残疾人体育。老年人、残疾人是一个弱势群体，各类体育组织应当为他们参加体育活动提供帮助。新建体育场馆要照顾老年人、残疾人的特点。体育组织要为老年人、残疾人参加体育活动进行科学指导。"

《中共中央国务院关于进一步加强和改进新时期体育工作的意见》（2002）

《中共中央国务院关于进一步加强和改进新时期体育工作的意见》（2002）明确指出：筹办和举办2008年奥运会及残疾人奥运会，既是北京市和体育界的大事，也是全国人民的盛事；既是难得的历史机遇，也面临新的挑战。抓住机遇，迎接挑战，努力把2008年奥运会和残疾人奥运会办成历史上最出色的一届奥运会，加快我国体育事业的全面发展，满足广大人民群众日益增长的体育文化需求，并借此推动我国社会主义物质文明建设的发展，是全党、各级政府和全国各族人民的一项共同任务。

中国残疾人体育协会根据章程规定主要开展的工作有：

（1）认真贯彻执行《中华人民共和国残疾人保障法》《中华人民共和国体育法》和国家体育工作的方针、政策，动员、组织和指导残疾人开展体育活动。

（2）协同有关部门开展特教学院（班）、校园体育、福利单位及社区残疾人健身活动。

（3）组织、管理、培训残疾人运动员和从事残疾人体育工作的人员，有计划地部署和发展残疾人体育活动基地，举办单项和综合性全国残疾人体育赛事。

（4）组织参加或举办国际残疾人体育比赛，开展残疾人体育对外交流。

（5）协同有关部门组织开展残疾人体育科学研究；提供残疾人体育专项用品、用具标准，组织开发研制残疾人体育运动器材。

（6）对各省、自治区、直辖市各级残疾人体育组织进行业务指导。

中国协会前身为中国伤残人体育协会，于1983年10月21日在天津成立，1991年更名为中国残疾人体育协会。它是在中华全国体育总会领导下的群众性组织。协会的主要任务是：帮助所有的残疾人，积极参加体育活动，不仅恢复身体健康，还要增加对生活的信心和勇气，积极融入社会生活，为国家发展做贡献。

中国残疾人体育协会自成立后，多次承办全国残疾人运动会，组织参加国际残疾人体育赛事，并加入国际伤残人体育组织（ISOD）、国际脑瘫人体育协会（CP-ISRA）、国际盲人体育协会（IBSA）、国际轮椅运动协会（ISMWSF）、远东及南太平洋地区伤残人运动会联合会（FFSPIC）等国际体育组织。

中国聋人体育协会是中华全国体育总会领导下的群众性体育组织，1986年12月10日在北京成立。中国聋人体育协会于1988年4月加入国际聋人体育联合会（CISS）。协会的主要任务是动员和组织聋人积极参加体育活动，不仅恢复身体健康，还要增加对生活的信心和勇气，积极融入社会生活，为国家发展做贡献。进行聋人国际体育交流，组团参加世界聋人奥运会（前身为世界聋人运动会）。

中国弱智人体育协会于1985年6月17日在北京成立。它是在中华全国体育总会

领导下的群众性体育组织。中国弱智人体育协会成立后，加入了国际特殊奥林匹克委员会（SOI）。协会的主要任务是组织开展符合弱智人需求的奥林匹克体育运动，使他们在体育运动过程中提高智力，增强生活的信心，可以为社会主义现代化建设做贡献。

现在国际残疾人体育的发展越来越完善，残疾人参加体育活动的人数也越来越多，加入国际残疾人体育工作的国家也越来越多，国际影响力越来越高。

残疾人体育现在逐渐和健全人体育相融合，在不少国家已经有共享的训练场。此外，制造假肢、轮椅的新材料更加轻便、坚固，残疾人体育的科技含量逐渐增加。

1995年6月20日由国务院颁布实施《全民健身计划纲要》，对残疾人参与体育活动的规定如下：

第七条　盲校、聋校、弱智学校要重视开展学生的体育活动。要积极创造条件，切实解决学校体育师资、经费、场地设施等问题。

第十四条　广泛开展残疾人体育健身活动，提高残疾人的身体素质和平等参与社会活动的能力。丰富残疾人体育健身方法，培养体育骨干，提高残疾人体育运动水平。

第十八条　逐步完善群众性体育运动竞赛制度，加强对工人、农民、少数民族、残疾人以及各类学生运动会的组织和管理。

目前，我国每四年召开一次全国残疾人运动会，运动员都是公平竞争择优选出来的，各省、自治区、直辖市基本形成四年一届的全省（区、市）残疾人运动会，有条件的市、区基本也能定期举办本地的残疾人运动会。

爱好体育并达到参赛项目资格标准的残疾人，可到当地残联或体委（体育局）的群众体育部门报名，通过选拔，代表当地参加各级残疾人体育比赛。在全国性比赛中，成绩优异，入选中国残疾人体育代表团，就可以参加国际比赛。

（二）残疾人奥林匹克运动会

残疾人奥林匹克运动会（Paralympic Games）始办于1960年，是由国际奥委会和国际残疾人奥林匹克委员会主办的、专为残疾人举行的世界大型综合性运动会，每四年于夏季奥运会后举办一届，截至2014年已举办过14届。冬季残奥会自1976

年举行以来，截至2014已经举办了11届，参赛运动员总人数接近4000人。比赛项目有高山滑雪、越野滑雪、冰上雪橇球、轮椅体育舞蹈等4个大项，每个大项中又包括若干小项。中国2002年首次参加冬季残奥会，当时共派出4名运动员参加了高山滑雪和越野滑雪，取得一个第六名的成绩。

残疾人奥林匹克运动始于第二次世界大战结束后的1948年，英国神经外科医生路德维格·格特曼爵士和一些热心于残疾人事业的知名人士，在伦敦奥运会期间组织了由轮椅运动员（多为脊椎伤残的二战老兵）参加的比赛，称为斯托克曼德维尔运动会。

1952年，荷兰退役军人也加入了残疾人奥林匹克运动，于是成立了国际斯托克曼德维尔运动会联合会（International Stoke Mandeville Games Federation，ISMGF），在英国的斯托克曼德维尔首次举办了国际残疾人运动会，当时只有两个国家的130名运动员参赛。以后该赛事固定下来，每年都举办国际斯托克曼德维尔运动会（International Stoke Mandeville Games），至1959年，实际上已举行了8届国际残疾人运动会。

经英国路德维格·格特曼爵士和意大利的安东尼娅·马里奥教授为期两年的精心组织策划，1960年，在罗马第十七届奥运会结束两周后，来自世界23个国家的400名残疾人运动员参加了在罗马举行的第一届"残疾人奥林匹克运动会"。这届运动会后来被正式承认为第九届国际斯托克曼德维尔运动会。而"残疾人奥林匹克运动会"（Paralympic Games）这一称谓，一直到1984年才得到国际奥委会的正式批准。

不同的残疾性质运动员有不同的竞赛规则。

从1964年起，国际奥委会决定由举办夏季奥运会的国家承办残疾人奥运会，但举办地点不能重复。

1988年，国际奥委会作出新的规定，夏季奥运会和残疾人奥运会必须在同一城市举行。

1982年，世界残疾人体育组织国际协调委员会（International Coordinating Committee for World Organizations of Sports for the Disabled）成立，国际奥委会承认其为残疾人体育运动的管理机构。在残疾人奥运会上设立的比赛项目，需得到它的批准。

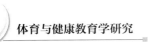

1989年，在国际残疾人体育基金会的积极支持下，属于国际残疾人体育协调委员会（ICC）的6个组织共同创建了国际残疾人奥林匹克委员会（International Paralympic Committee）。

2000年6月19日，国际奥委会与国际残疾人奥委会又达成新的协议：从2008年夏季残奥会和2010年冬季残奥会开始，残奥会不仅将在奥运会之后的相同城市举行，并应使用相同的运动场馆和设施。

夏季残疾人奥林匹克运动会迄今已举办过11届。运动会的比赛项目经几乎每届都有变化。目前，国际残疾人奥林匹克委员会规定的正式比赛项目有射箭、田径、意式滚木球、自行车、马术、击剑、门球、柔道、力量举重、帆船、射击、足球、游泳、乒乓球、轮椅篮球、轮椅橄榄球、轮椅网球、排球18个大项。

20世纪70年代，开始举办有多种残疾类别的运动员参加的滑雪比赛。

1974年，在法国的大波尔南（Grand Bornand）举行了第一届世界锦标赛，比赛设高山（滑降）和北欧（越野）滑雪个项目，由截肢运动员和视觉受损运动员参加。

1976年，第一届冬季残疾人奥林匹克运动会在瑞典的恩舍尔兹维克举行，共有14个国家的250多名盲人和截肢运动员参赛，比赛设高山滑雪和北欧滑雪两个项目。

目前，国际残疾人奥林匹克委员会规定的冬季残奥会正式比赛项目有高山滑雪、越野滑雪、冰上雪橇球、轮椅体育舞蹈4个大项。

中国从1984年6月首次组团参加了在美国纽约举行的第七届残奥会，之后参加了1988年、1992年、1996年、2000年的残奥会。在这5届残奥会上共派出215名运动员，共夺得金牌80枚、银牌72枚、铜牌52枚，59人次破75项世界纪录，25人破残奥会纪录。

中国残疾人体育与西方国家相比，起步晚，基础薄弱。1984年，我国改革开放刚刚起步，这一年的6月，中国残疾人体育组团参加了当年的奥运会和残奥会。我国仅派出24名残疾人运动员参加了第七届国际夏季残奥会，两位盲人姑娘平亚丽、赵继红奋力拼搏，分别夺得女子B2、B3两个级别的跳远金牌，比我国射击运动员许海峰还早一个月实现了中国人在奥运会上金牌"零的突破"。在这届残疾人奥运会上，中国代表团共获得2枚金牌、13枚银牌、9枚铜牌，24次升起五星红旗，9人次打破世界纪录。金牌总数位居第23位。

1988年10月在汉城举行的第八届国际夏季残奥会上，共有60多个国家和地区的4000多名运动员参加，设17个比赛大项。许多国家都派出了庞大的代表团，美国、韩国等都派出了四五百人的队伍，两百人以上的代表团也有五六个国家。而我国只派出43名运动员参加了田径、游泳、乒乓球和射击4个项目的角逐，而射击项目只有1名运动员参赛。面对强手如林的严峻现实，在1984年残奥会上获得一枚金牌的B2级女运动员赵继红，在这届跳远比赛中，虽以一厘米之差输给美国选手，获得银牌，但他一鼓作气，在100米、400米的比赛中挫败美国、苏联、波兰等国强手，连夺两枚金牌。在许多项目比赛中，我国选手与对手往往以一厘米、零点几秒险胜或屈居第二。牛贵平的一百米蝶泳、刘泽兵的一百米自由泳只比第二名快零点几秒，张玮的射击冠军仅比亚军多一环。女子乒乓球三枚金牌的获得，都是过五关斩六将，有的场次一直打满全局，最后以两分优势夺魁。在本届残奥会上，我国残疾人运动员共夺得44枚奖牌，其中金牌17枚、银牌17枚、铜牌10枚，有11人次打破9项世界纪录。金牌总数排名第14位。

1992年在巴塞罗那第九届残奥会上，我国获得11枚金牌，14次打破世界纪录，金牌总数排名第11位。1996年在美国亚特兰大举行的第十届残奥会上，我国获得了16枚金牌，16次打破世界纪录，金牌总数位居第9位。到了2000年悉尼残奥会，我国运动员共获得34枚金牌，25次打破世界纪录，金牌总数上升至第6位。

雅典残奥会上，中国体育代表团有三个显著特点。一是参赛人数多。本次代表团由287人组成，其中运动员200人，是悉尼残奥会派出运动员的2.3倍。二是参赛项目多。本届残奥会，我们将参加田径、游泳、乒乓球、射击、举重、盲人柔道、自行车、射箭、轮椅击剑、轮椅网球、坐式排球11个大项、284个小项的比赛。参赛大项比上届多了5项，小项也增加了125项。三是参赛新手多。首次参加残奥会的运动员有161人，占运动员总数的80.5%。这批年轻选手，是我国参加2008年残奥会的骨干力量。

（三）北京2008年残奥会

1. 组织结构（残奥会部）

负责协调制定北京残奥会筹备工作规划、工作方案；协调、督促各部门残奥会筹备工作的进展和落实；负责与国际残奥委会、国际单项残疾人体育联合会和国内

残疾人组织的沟通、联络和协调；对各项残奥会专项特殊工作提出指导性意见；协助残奥会相关的各项培训、推广、宣传工作。

2. 会徽

北京2008年残奥会会徽以天、地、人和谐统一为主线，把中国的文字、书法和残疾人奥林匹克运动精神融为一体，集中体现了中国传统文化和现代奥林匹克运动精神，体现了"心智、身体、精神"和谐统一的残疾人奥林匹克运动精神，具有深厚的中国传统文化底蕴。

会徽图形部分，即由红、蓝、绿三色构成的"之"字形，犹如一个运动的运动员，"之"字既有生生不息之意，也有到达之意。字形曲折，寓意成功不易。

在会徽所使用的色彩中，红色，寓意着太阳；深蓝色，寓意着蓝天；绿色，寓意着大地。3种颜色的3个笔画综合起来成为一个运动的人形，即为"天地人"，体现了中国传统文化中"天人合一"的思想，表达了现代人秉持科学的发展观，追求运动的和谐，人的自身与自然、社会和谐发展的理念。会徽的色彩还充分体现了北京奥运会的三大理念。红色，是具有浓重中国特色的"中国红"，体现了"人文奥运"理念；深蓝色，代表着高科技，体现了"科技奥运"理念；绿色，代表着环保，体现了"绿色奥运"理念。

北京2008年残奥会会徽"天地人"以汉字作为会徽图案，北京2008年奥运会会徽"中国印·舞动的北京"以印章作为会徽图案，"中国字"和"中国印"都是中国传统典型的文化元素，充满了中国文化特色，两者在思想上和艺术风格上遥相呼应。两个会徽相得益彰，相映成辉，突出了"人文奥运"理念，寓意深刻，表现力强。

3. 口号和理念

"同一个世界　同一个梦想"（One World One Dream），集中体现了奥林匹克精神的实质和普遍价值观——团结、友谊、进步、和谐、参与和梦想，表达了全世界在奥林匹克精神的感召下，追求人类美好未来的共同愿望。尽管有肤色、语言和种族差异，但我们同属一个世界，拥有同样的希望和梦想。

"同一个世界　同一个梦想"（One World One Dream），深刻反映了北京奥运会的核心理念，体现了作为"绿色奥运、科技奥运、人文奥运"三大理念的核心和灵魂的人文奥运所蕴含的和谐的价值观。建设和谐社会、实现和谐发展是我们的梦想和追求。"天人合一""和为贵"是中国人民自古以来对人与自然、人与人和谐关系的理想与追求。我们相信，和平进步、和谐发展、和睦相处、合作共赢、和美生活是全世界的共同理想。

英文口号"One World One Dream"句法结构具有鲜明特色。两个"One"形成优美的排比，"World"和"Dream"前后呼应，整句口号简洁、响亮，寓意深远，既易记上口，又便于传播。

中文口号"同一个世界 同一个梦想"中将"One"用"同一"表达，使"全人类同属一个世界，全人类共同追求美好梦想"的主题更加突出。

4. 理念：超越、融合、共享

"超越"的核心是超越自我、挑战极限。它体现了奥林匹克运动"更快、更高、更强"的目标和残疾人体育运动的特点；"超越"传达了残疾人运动员超越生理障碍的勇气和信心，展现了他们自强不息、顽强拼搏的精神风貌；"超越"也是心理上的超越，是残疾人摒弃偏见、渴望平等参与社会生活的诉求，是残疾人体育运动的精髓。

"融合"体现奥林匹克"团结""和平""和谐"的价值观和中国传统的"天人合一"理念。它涵盖了人与人、人与社会以及人与自然融合的三个方面。

"共享"体现了残疾人与健全人同属一个世界、携手共创未来的崇高理想。"共享"就是要让残疾人与健全人在奥林匹克运动和社会生活中享有平等权利，共享社会文明成果。

5. 奖牌

北京2008年残奥会奖牌正面镶玉的设计灵感来自中国古代的玉器造型，中间为北京2008年残奥会会徽；金牌是白玉、银牌是青白玉、铜牌是青玉。奖牌背面图案为国际残奥委会会徽和运动项目名称，以及"北京2008年残奥会"的中英文及盲文。奖牌挂钩由中国传统玉双龙蒲纹璜演变而成。

残奥会比赛项目的冠军奖牌镀有不少于6克的纯金，亚军奖牌为纯银。将玉嵌入其中，不仅符合国际残奥委会的相关规定，也与北京2008年奥运会奖牌相呼应，体现了人人平等，无论是奥运会奖牌，还是残奥会奖牌，都具有相同的价值与无上荣誉。

（四）残疾大学生运动员心理技能特征研究

以60名大学生为调查对象，其中残疾大学生运动员和健全人大学生运动员各30名，采用ACSI 28问卷对心理技能进行了测试。结果显示，不同性别的残疾大学生运动员在接受教练指导的能力上，承受压力和集中注意上存在显著性差异；残疾大学生运动员与健全人大学生运动员在承受压力、自信心和成就动机、目标设置和集中注意上均存在显著性差异。

1. 研究对象与方法

（1）研究对象

以30名残疾大学生运动员为调查对象，其中18名男生，12名女生，平均年龄20岁。他们主要从事包括田径、举重、游泳等项目，3～10年不等的训练年限，平均训练年限为4.35年。运动员的残疾类型主要为肢体残疾、视力残疾和听力残疾等。30名健全人大学生运动员的平均年龄为19.81岁，平均训练年限为5.18年，所从事的运动项目包括田径、篮球、游泳等。

（2）研究方法

①文献资料法。查阅相关文献共22篇。

②访谈法。走访有关残疾大学生运动员、健全大学生运动员以及他们的教练，向其了解相关情况，如赛前、赛中以及赛后不同运动员所反映出的不同心理技能表现，教练员对运动员心理技能的关注程度，以及在日常训练中，教练员对运动员心理技能的训练情况。

③问卷调查法。论文选用美国学者Smith等人在1995年编制的《运动员应对技能问卷》（Athletic Coping Skills Inventory，ACSI-28）。该问卷共有28个题目，分为7个分量表，亦即7种心理技能，这7种心理技能分别是应对逆境（coping with adversity）、承受压力（peaking under pressure）、目标设置（goal setting）、集中注意（concentration）、摆脱担心（freedom from worry）、自信心和成就动机（confidence and achievement motivation）、接受教练指导的能力（coachability），每个题目后面有4个供选择的答案，从0（非常不符合）到3（非常符合），其中有5个题目为反向计分，即回答非常不符合得3分，非常符合得0分。该量表的内部一致性系数为0.88。

共发放问卷60份，收回60份，回收有效问卷60份。

④数理统计法。对所有数据使用SPSS 11.5统计软件进行处理。

2. 结果与分析

（1）残疾大学生运动员的描述性统计

显示的是最大值、最小值、平均数、标准差，以及有效被试人数共6种残疾大学生运动员心理技能的描述性统计。

（2）不同性别的残疾大学生运动员在心理技能上的得分比较

不同性别的残疾大学生运动员在接受教练指导的能力上存在显著性差异，在承受压力、应对逆境、自信心和成就动机、目标设置、集中注意和摆脱担心等6个指标上的差异不存在显著性。

（3）不同运动等级的残疾大学生运动员在心理技能上的得分比较

不同运动等级的残疾大学生运动员在承受压力和集中注意两个指标上的差异具有显著性，在应对逆境、自信心和成就动机、接受教练指导的能力、目标设置和摆脱担心5个指标上的差异不具有显著性。

（4）残疾大学生运动员和健全人大学生运动员在心理技能上的得分比较

残疾大学生运动员与健全人大学生运动员在承受压力、自信心和成就动机、集中注意以及目标设置4个指标上存在显著性差异，在应对逆境、接受教练指导的能力和摆脱担心3个指标上的差异不具有显著性。

3. 讨论

（1）不同性别的残疾大学生运动员的心理技能。调查显示，不同性别的残疾大学生运动员只在接受教练指导的能力上存在显著性差异。曾有研究中指出，女运动员更喜欢专职的教练员。女性残疾大学生运动员比男性残疾大学生运动员更能客观地接受教练的指导，而男性残疾大学生运动员比女性残疾大学生运动员更多喜欢独立掌控训练。

（2）不同运动等级的残疾大学生运动员的心理技能。调查显示，在承受压力和集中注意两个指标上，不同运动等级的残疾大学生运动员存在显著性差异，运动等级高的残疾大学生运动员比运动等级低的残疾大学生运动员更能承受压力，更能集中注意力。较好的集中注意能力与优异运动成绩的获得呈正比，保持高度、持续的集中注意是比赛获胜的重要保证。

（3）残疾大学生运动员与健全人大学生运动员心理技能的比较。残疾大学生运

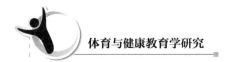

动员在承受压力、自信心和成就动机、集中注意和目标设置4个指标上得分都高于健全人大学生运动员。大多数的运动员和教练员认为自信是成功的至关重要因素。如果运动员的自信心不强，心理压力就特别大，进而影响到正常发挥。运动员在比赛中信心不强的原因也是多方面的。

4. 结论与建议

（1）结论

①不同性别的残疾大学生运动员在接受教练指导的能力上存在差异。

②不同运动等级的残疾大学生运动员在承受压力和集中注意上存在显著性差异。

③残疾大学生运动员和健全人大学生运动员在承受压力、自信心和成就动机、集中注意和目标设置上存在显著性差异。

（2）建议

对残疾大学生来说，他们的心理压力和负担要比健全大学生多许多。因此，我们要重视其心理问题。除了放松心情和解压外，自我调节、心理演练和集中注意力训练对于培养残疾人大学生运动员的心理技能非常重要和有效。简而言之，心理技能是培养优秀残疾大学生运动员的关键。教练和运动员必须认识到心理技能训练的作用，把心理技能训练作为整体训练计划的一部分，来帮助体育成绩的提升。因此，教练或运动员在日常练习中，要同时重视身体和心理两方面的技能训练。只有这样，我们才能帮助残疾大学生运动员克服自身的缺点，通过艰苦的训练，顽强的斗争，取得优异的运动成绩，实现自身的的价值。

参考文献

［1］教育部．新课程标准解读［M］．北京师范大学，2005（9）

［2］（美）加里.D.鲍里奇著．有效教学方法（第四版）［M］．易东平译．南京：江苏教育出版社，2002

［3］谷世权．中国体育史［M］．北京：北京体育大学出版社，1997

［4］许国志．系统科学［M］．上海科技教育出版社，2000

［5］吴绍祖．系统科学与体育［M］．人民体育出版社，1995

［6］李秉德．教学论［M］．北京：人民教育出版社，1992

［7］辞海，第六版缩印本，上海辞书出版社，2009

［8］张庆林，杨东．高效率教学［M］．人民教育出版社，2002

［9］毛振明．体育教学论［M］．北京：高等教育出版社，2005：175

［10］涂序彦．大系统控制论［M］．北京：国防工业出版社，1994

［11］姚利民．有效教学：理论与策略［M］．长沙：湖南大学出版社，2005

［12］吕渭源．有效教学草纲［M］．开封：河南大学出版社，2002

［13］邵伟德．学校体育学理论与教改探索［M］．北京：北京体育大学出版社，2002

［14］王伯英，曲宗湖．体育教学论［M］．成都：四川教育出版社，1988

［15］（德）雅斯贝尔斯．什么是教育［M］．邹进译．北京：三联书店，1991

［16］卢元镇．中国体育社会学［M］．北京：北京体育大学出版社，2000.9

［17］马启伟，张力为．体育运动心理学［M］．杭州：浙江教育出版社，2000.

［18］宋秋前．有效教学的理念与实施策略［M］．浙江：浙江大学出版社．2007

［19］魏宏森等．开创复杂性研究的新学科——系统科学纵览［M］．成都：四川教育出版社，1991

［20］《体育科学研究方法》编写组．体育科学研究方法［M］．北京：高等教育出版社，1999.6

［21］张力为．体育科学研究方法［M］．北京：高等教育出版社，2002.12

［22］丛平湖．体育统计［M］．北京：高等教育出版社，1998.7

［23］王策三．教学论稿［M］．北京：人民教育出版社，1985

［24］王瑞元．运动生理学［G］．北京：人民体育出版社，2002.9

［25］陈厚德．基础教育新概念［M］．北京：教育科学出版社，2000.5

［26］台湾海洋大学师资培育中心．课程领导与有效教学［M］．北京：九州出版社，2006.10

［27］刘涛川，谢飚．有效教学方法全集［M］．北京：北京艺术与科学电子出版社，2004.7

［28］施良方．教学理论：课堂教学的原理、策略和研究［M］．上海：华东师范大学出版社，1999

［29］高志敏等．终身教育、终身学习与学习化社会［M］．上海：华东师范大学出版社，2005

［30］邵桂华．体育教学的自组织观［D］．南京师范大学博士学位论文．2000.6.

［31］吕万刚．竞技体操训练的科学化探索——竞技体操创新理论的研究［M］．北京：北京体育大学出版社，2003.10

［32］刘建和．论运动技术的序列发展与分群演进［M］．中国体育博士文丛．北京体育大学出版社，2006.5

［33］刘伟．我国体育可持续发展系统及评价研究［D］．福建师范大学博士学位论文，2008.4

［34］孙亚玲．课堂教学有效性标准研究［D］．上海：华东师范大学

［35］叶澜等．教师角色与教师发展新探［M］．北京：教育科学出版社，2004

［36］袁贵仁，价值学引论［M］．北京：北京师范大学出版社，1991

［37］张楚廷．课程与教学哲学［M］．北京：人民教育出版社，2003

［38］郑金洲等．学校教育研究方法［M］．北京：教育科学出版社，2003

［39］中国大百科全书．教育［M］.中国大百科全书出版社，1985，13

［40］钟启泉．课程与教学概论［M］.上海：华东师范大学出版社，2004：196

［41］胡森．国际教育百科全书（第6卷）［M］.贵阳：贵州教育出版社，1990：502

［42］陈作松．身体锻炼对高中学生主观幸福感的影响及其心理机制的研究［D］.华东师范大学博士学位论文，2004

［43］胡庆山．体育课程实施主体论［D］.华中师范大学．2009.61

［44］刘晶，城市居家老年人生活质量评价指标体系研究——以上海为例［D］.华东师范大学，2005：71

［45］苏强．教师的课程观研究［D］.西南大学博士学位论文，2011

［46］孙旭丽．温州市高中体育教师现代课程观构建与发展状况的调查研究［D］.浙江师范大学硕士学位论文，2005

［47］曾建发．初中化学教师课程观研究［D］.华中师范大学硕士学位论文，200

［48］张细谦．体育课程实施研究［D］.华南师范大学博士学位论文，2007

［49］陈业瑜．新课程呼唤教师新的课程观［J］.基础教育研究，2004.（12）：14-15

［50］冯生尧．课程评价含义辨析［J］.课程.教材.教法，2007，27（12）：3-7

［51］耿培新．对当前中小学体育课程建设中热点问题的探讨［J］.课程教材教法，1998（6）：16-21

［52］郭元祥，课程观的转向［J］.课程.教材.教法，2001，（6），11-16

［53］郭元祥．论教育的过程属性和过程价值——生成性思维视域中的教育过程观［J］.教育研究，2005.3-8.

［54］韩萌．大学多元文化育人功能的思考［J］.教育研究，2010，（8），53-57.

［55］何劲鹏，姜立嘉．生命哲学视域中的体育课程观内蕴［J］.天津体育学院学报，2006，21（1）：56-58

［56］胡飞燕．新课程标准下体育教师角色的转化［J］.上海体育学院学报，2006，30（4）.80-82

［57］胡汉兴，潘绍伟．试论生态主义课程观下体育与健康课程的建构与实施［J］.南京体育学院学报，2009，23（1）；86-89

［58］黄甫全．美国多元课程观的认识论基础探析［J］.比较教育研究，1999（2）：18-22

［59］江宇，周兵．对我国体育课程评价理论研究的回顾与展望，2010，30（7）：88-92

［60］靳玉乐，罗生全．中小学教师的课程取向及其特点［J］.课程教材教法，2007，（4）：4-9

［61］寇平平．课程概念的文化阐释［J］.中国教育学刊．2009（5）：35-37

［62］李功喜．关于校本教研与教师教学行为发展的思考［J］.辽宁教育研究，2004（5）：95-96

［63］李建国，责智强等．县级公共卫生应急反应能力评价方法的研究［J］.数理医药学杂志，2006

［64］李卫东．论体育课程观的嬗变［J］.广州体育学院学报，2005，25（4）：93-95

［65］李银霞，袁修干．改进德尔菲法在驾驶舱显示系统工效学评价指标筛选中的应用研究［J］.航天医学与医学工程，2006，19（5）：371

［66］李政涛．论当代中国基础教育改革的思维方式［J］.基础教育，2009，（10）.3-7

［67］连格．新手_熟手-专家型教师心理特征的比较［J］.心理学报，2004，36（1）：44-52

［68］莲蓉．教师培训的核心：教学行为有效性的增强［J］.教育评论，2000，（3）：24-26

［69］林致诚：自然主义体育思想及其对学校体育改革的启示［J］.厦门大学学报，1998（3）：122-12

［70］刘开练．课程观的转向略论［J］.教学与管理．2007，（8）：30-31

［71］刘育红．从几种不同的课程观看基础教育课程改革［J］.教育理论与实践，2003，23（8）：49-50

［72］马利文，陈会昌．新的尊重观念和陈会昌尊重教育理论［J］.教育实验与研究，2005，（3）

［72］马延伟，马云鹏．课程改革实施中校长角色的转变——对当前课程改革的一点思考［J］.课程.教材.教法，2003（1）：62-65

［74］毛振明．日本学校体育教学的学习指导——小集团学习［J］.学校体育，1985

（6）：22

［75］苏静．论课程观的主体间性转向［J］.湖南师范大学教育科学学报，2005，4（4）：35-38

［76］孙宏安．课程概念的一个阐释［J］.教育研究，2000（3）：44-47

［77］童莉．初中数学教师的课程取向的调查分析［J］.数学教育学报，2008，（2）：47-50

［78］王润梅，杨文义，孟双明，张秀琉．中学教师课程观的现状分析及对策研究［D］.雁北师范学院学报，2003，19（3）：10-12